Sara Racaniello

Möglichkeiten der Inklusion im Sportunterricht

disserta Verlag

Racaniello, Sara: Möglichkeiten der Inklusion im Sportunterricht, Hamburg, disserta Verlag, 2017

Buch-ISBN: 978-3-95935-404-2
PDF-eBook-ISBN: 978-3-95935-405-9
Druck/Herstellung: disserta Verlag, Hamburg, 2017
Covermotiv: Pixabay.com

Bibliografische Information der Deutschen Nationalbibliothek:
Die Deutsche Nationalbibliothek verzeichnet diese Publikation in der Deutschen Nationalbibliografie; detaillierte bibliografische Daten sind im Internet über http://dnb.d-nb.de abrufbar.

Das Werk einschließlich aller seiner Teile ist urheberrechtlich geschützt. Jede Verwertung außerhalb der Grenzen des Urheberrechtsgesetzes ist ohne Zustimmung des Verlages unzulässig und strafbar. Dies gilt insbesondere für Vervielfältigungen, Übersetzungen, Mikroverfilmungen und die Einspeicherung und Bearbeitung in elektronischen Systemen.

Die Wiedergabe von Gebrauchsnamen, Handelsnamen, Warenbezeichnungen usw. in diesem Werk berechtigt auch ohne besondere Kennzeichnung nicht zu der Annahme, dass solche Namen im Sinne der Warenzeichen- und Markenschutz-Gesetzgebung als frei zu betrachten wären und daher von jedermann benutzt werden dürften.

Die Informationen in diesem Werk wurden mit Sorgfalt erarbeitet. Dennoch können Fehler nicht vollständig ausgeschlossen werden und die Diplomica Verlag GmbH, die Autoren oder Übersetzer übernehmen keine juristische Verantwortung oder irgendeine Haftung für evtl. verbliebene fehlerhafte Angaben und deren Folgen.

Alle Rechte vorbehalten

© disserta Verlag, Imprint der Diplomica Verlag GmbH
Hermannstal 119k, 22119 Hamburg
http://www.disserta-verlag.de, Hamburg 2017
Printed in Germany

Inhaltsverzeichnis

Abbildungsverzeichnis 8

Tabellenverzeichnis 9

Abkürzungsverzeichnis 10

1 Einleitung 11
    1.1 Einführung und Problemstellung 11
    1.2 Fragestellung und Zielsetzung 11
    1.3 Aufbau 13

2 Definitionen 14
    2.1 Exklusion, Separation & Segregation 14
    2.2 Integration & Inklusion 15
    2.3 Behinderung 18
        2.3.1 Medizinisches Modell vs. Soziales Modell 19
        2.3.2 Sozialgesetzbuch IX 20
        2.3.3 Weltgesundheitsorganisation (WHO) 20
        2.3.4 UN-BRK 21

3 Auf dem Weg zur UN-BRK 24
    3.1 Internationale Entwicklungen 24
    3.2 Politische Entwicklungen in Deutschland 34
    3.3 Exkurs: Elternwahlrecht und Abschaffung Förderschulen 36

4 Die Entwicklung des deutschen Schulsystems 41
    4.1 Auf dem Weg zur Förderschule 41
    4.2 Exkurs: Der Behindertensport 45
    4.3 Fakten zum deutschen Bildungssystem 46
        4.3.1 Integrationsforschung 47
        4.3.2 Daten zur sonderpädagogischen und inklusiven Förderung in Deutschland und den Bundesländern 50
        4.3.3 Überrepräsentation bestimmter Gruppen in Förderschulen .. 56
        4.3.4 Schulabschlüsse 57
        4.3.5 Internationaler Vergleich 59

5 Inklusion und Schule 61
    5.1 Abgrenzung Integration und Inklusion im Kontext der Schule 61

5.2 Ziele der Inklusion für die Schule 63
5.3 Akteure 65
  5.3.1 Lehrkräfte 65
  5.3.2 Schülerinnen und Schüler 68
  5.3.3 Eltern 70
5.4 Instrumente für eine erfolgreiche Inklusion 72
  5.4.1 Index für Inklusion 72
  5.4.2 4-A-Schema 76
5.5 Allgemeine Unterrichtsgestaltung 78
  5.5.1 Rahmenbedingungen 78
  5.5.2 Methoden 81
  5.5.3 Probleme 88
5.6 Schwierigkeiten für eine erfolgreiche Inklusion 90
  5.6.1 Etikettierungs-Ressourcen-Dilemma 91
  5.6.2 Spezialisten-Generalisten-Verhältnis 95
  5.6.3 Einstellungen der beteiligten Akteure 96
  5.6.4 Bildungsstandards und Bewertung 97
5.7 Vorteile des inklusiven Unterrichts 99

6 Inklusion und Schulsport 102
6.1 Bedeutung des Sports 102
6.2 Ziele 105
6.3 Einstellung der Akteure 106
  6.3.1 Einstellung Lehrkräfte 107
  6.3.2 Einstellung Schülerinnen und Schüler 109
6.4 Unterrichtsgestaltung 110
  6.4.1 Rahmenbedingungen 111
  6.4.2 Methoden 113
  6.4.3 Probleme 120
6.5 Vorteile 122

7 Best Practice Beispiele 124
7.1 Schule 124
  7.1.1 Laufen, Springen, Werfen 124

	7.1.2 „Nach oben"	125
	7.1.3 Bewegen im Wasser	126
	7.1.4 Gemeinsames Handballspielen	131
7.2	Vereine	133
	7.2.1 Hockey spielen in Jena	133
	7.2.2 Rollstuhlbasketball	134
8	Fazit	136
9	Literaturverzeichnis	138
10	Anhang	152

Abbildungsverzeichnis

Abbildung 1: Exklusion 14
Abbildung 2: Separation 15
Abbildung 3: Integration 15
Abbildung 4: Inklusion 16
Abbildung 5: Anteile der förderschulischen Förderung und der integrativen sonderpädagogischen Förderung in den 16 Bundesländern ... 51
Abbildung 6: Sonderpädagogische Förderquote 1992 bis 2012 in Deutschland in % 52
Abbildung 7: Förderschulbesuchsquote für deutsche und nichtdeutsche Schüler 56
Abbildung 8: Schulabgängerinnen und -abgänger allgemeinbildender Schulen ohne Hauptschulabschluss 2010 58
Abbildung 9: Förderquoten und Segregationsraten in Deutschland, Europa und USA 59
Abbildung 10: Dimensionen, Bereiche, Indikatoren und Fragen des Indexes im Überblick 74
Abbildung 11: Indikator 1 mit Fragen 76
Abbildung 12: Inklusive Methoden in Lernkontexten 83
Abbildung 13: Bedürfnispyramide nach Maslow 102
Abbildung 14: Anteile von Menschen mit und ohne Behinderung, die in ihrer freien Zeit nie aktiv Sport treiben nach Altersklassen 111
Abbildung 15: The Inclusion Spectrum incorporating STEP 116
Abbildung 16: Schwimmen unter verschiedenen pädagogischen Perspektiven 129
Abbildung 17: Forschungsauftrag "Gleiten" 130
Abbildung 18: Forschungsaufträge "Gleiten" & "Atmen" 130
Abbildung 19: Das Kaiserturnier als Organisationsform für den Parallelenspielbetrieb 132

Tabellenverzeichnis

Tabelle 1: Unterschiede Integration - Inklusion 18

Tabelle 2: Sonderpädagogische Förderung in den Schuljahren 2002/03, 2007/08 und 2012/13 nach Förderort 50

Tabelle 3: Anteil der sonderpädagogischen Förderung an Förderschulen und sonstigen allgemeinbildenden Schulen 2012/13 nach Ländern und Förderschwerpunkten (in %) 54

Tabelle 4: Anzahl der Förderschultypen im Schuljahr 2008/09 55

Tabelle 5: Praxis der Integration und der Inklusion 62

Tabelle 6: Probleme des inklusiven Unterrichts 90

Tabelle 7: (Mögliche) Positive und negative Effekte der Feststellungdiagnostik 94

Abkürzungsverzeichnis

Abkürzung	Bedeutung
ADV	Arbeitsgemeinschaft Deutscher Versehrtensport
EU	Europäische Union
DBS	Deutscher Behindertensportverband
ICF	International Classification of Functioning, Disability and Health
ICIDH	International Classification of Impairements, Disabilities and Handicaps
KMK	Kultusministerkonferenz
KuJ	Kinder und Jugendliche
UN-BRK	Behindertenrechtskonvention der Vereinten Nationen
UNESCO	United Nations Educational, Scientific and Cultural Organization
WHO	World Health Organisation (Weltgesundheitsorganisation)

Zeichenerklärungen

Zeichen	Bedeutung
„…"	Wörtliches Zitat
"…"	Distanzierung einer objektiven Verwendung des Begriffs
kursiv	Spezielle Betonung; Teil einer Definition/eines Modells

1 Einleitung

1.1 Einführung und Problemstellung

Betritt man heute ein Klassenzimmer oder die Sporthalle einer Regelschule, trifft man auf eine bunt gemischte Schar von Kindern und Jugendlichen (vgl. Ruin, Meier, Leineweber, Klein & Buhren, 2016, S. 64). Zu dieser Schar gehören Mädchen und Jungen, deutsche und ausländische Kinder, arme und reiche und ab und zu erkennt man ein Kind mit sonderpädagogischem Förderbedarf. Dem ungeübten Auge fallen diese Kinder noch nicht auf, doch durch die Ratifizierung der Behindertenrechtskonvention der Vereinten Nationen im Jahr 2006 (vgl. Hensen, Küstermann, Maykus, Riecken, Schinnenburg & Wiedebusch, 2014, S. 238) sollen Kinder mit Behinderung und Beeinträchtigung (fast) ausnahmslos gemeinsam mit Kindern ohne Beeinträchtigung unterrichtet werden. Sie sollen inkludiert werden.

Der Prozess der Inklusion soll in der gesamten Gesellschaft stattfinden, das Ziel der Konvention ist die gleichberechtigte Teilhabe von Menschen mit Behinderung in vielfältigen gesellschaftlichen Zusammenhängen (vgl. Balz, Benz & Kuhlmann, 2012, S. 79). Die Bedeutsamkeit der Schule für den Inklusionsprozess wird offensichtlich, wenn man sich überlegt, dass „die Schule, die einzige gesellschaftliche Institution ist, die alle Menschen einer Gesellschaft in einer bestimmten - überaus prägenden – Lebensphase erfasst (Hering, 2009, S. 19). Der Inklusionsansatz geht von einem „Reichtum der Vielfalt" (Ruin et al., 2016, S. 64) aus, der für den Unterricht genutzt werden soll, Ziel ist „das Aufbrechen alter Strukturen" (Oymanns, 2015, S. 11). Es ist offensichtlich, dass die Zukunft einer Unterrichtspraxis gehört, die auf Heterogenität ausgerichtet ist (vgl. König, Meier & Ruin, 2015, S. 36). Doch was bedeutet dies für den allgemeinen Unterricht? Was für den Sportunterricht?

1.2 Fragestellung und Zielsetzung

Genau dies sind die Fragestellungen, die im Zentrum dieses Buches stehen. Wie muss allgemeiner Unterricht aufgebaut werden um inklusiv zu sein? Wie muss Sportunterricht aufgebaut sein, um den Vorgaben der Inklusion zu entsprechen? „Wir können in einer heterogenen Lerngruppe in der Inklusion nicht erwarten, dass ein Wettrennen, ein Wettspringen oder anderes mehr in fairer Weise verläuft, wenn wir alle ‚objektiv' miteinander vergleichen. Wir müssen umdenken" (Ruin et al., 2016, S. 20). Ziel des vorliegenden Buches ist es, herauszufinden, was dieses *Umdenken* für die aktuelle Unterrichtspraxis bedeutet und wie es dazu kam. Des Weiteren soll herausgefunden werden, wie sich Schulen, Unterrichtsstunden, aber ebenso Menschen verändern müssen, um dem Gedanken der Inklusion gerecht zu werden.

Sportunterricht wird eine besondere Eignung für die Schaffung inklusiver Kulturen nachgesagt, da das Fach durch vielfältige Möglichkeiten gekennzeichnet ist, die kaum ein anderes Fach kennt (vgl. Ruin et al., 2016, S. 40). Ob dem Sportunterricht tatsächlich solch ein Sonderstatus zukommt, wie angenommen wird, soll das vorliegende Buch zeigen.

Zusammenfassend soll dieses Buch dazu beitragen, einen Einblick in die Geschichte der Konventionen, der Inklusion, aber auch des deutschen Schulsystems zu bekommen, um ihre Bedeutung für die Gesellschaft zu verstehen. Das Buch soll dabei helfen, die Idee der Inklusion zu verbreiten und das allgemeine Verständnis für Inklusion zu fördern. Entscheidend ist, dass das Buch zum Nachdenken anregt. Über unser System, über Menschen mit Beeinträchtigungen und über uns selbst.

1.3 Aufbau

Das vorliegende Buch ist in acht Bereiche aufgeteilt, die sich mit verschiedenen Bereichen des Inklusionsdiskurses beschäftigen. Nach einer kurzen Einführung in die Thematik und die Zielsetzung des Buches in Kapitel 1, folgt Kapitel 2, welches versucht die wichtigsten Begriffe des Diskurses zu definieren und zu erklären. Neben den Begriffen zur Inklusion folgen verschiedene Definitionen von Behinderung, da diese für das vorliegende Buch sehr wichtig sind. Im darauffolgenden Kapitel werden die wichtigsten internationalen und nationalen Entwicklungen im Bereich der Bildung dargestellt, welche in der Behindertenrechtskonvention der Vereinten Nationen ihren Höhepunkt fanden. Dem Dokument, das die Grundlage für die aktuellen Diskussionen zur Inklusion darstellt. Im selben Kapitel erfolgt ein kurzer Exkurs zum Elternwahlrecht und der Abschaffung der Förderschulen. Das nächste Kapitel soll helfen zu verstehen, welche Probleme das deutsche Bildungssystem mit der Implementierung der Inklusion hat und warum die Prozesse so langsam voranschreiten. Es beginnt mit einer geschichtlichen Darstellung und endet bei den aktuellen Zahlen und Fakten des deutschen Bildungssystems. Dazwischen findet sich ein Exkurs zur Geschichte des Behindertensports, da diese eng mit der Geschichte des Förderschulwesens verbunden ist. Die folgenden beiden Kapitel analysieren die Praxis der Inklusion an den Schulen. Dabei wird in einem ersten Schritt die Schule aus einem allgemeinen Standpunkt betrachtet um dann speziell auf den Sportunterricht einzugehen. Es muss bei beiden Kapiteln immer bedacht werden, dass sie aufeinander bezogen werden können und müssen, da sie sehr eng miteinander verwoben sind. Im siebten Kapitel wird die Praxis der Inklusion an einigen exemplarischen Best Practice Beispielen betrachtet. Das letzte Kapitel fasst die gefundenen Ergebnisse zusammen und soll das Buch mit einem kurzen Ausblick in die Zukunft abrunden.

Im Sinne des Inklusionsgedankens und der Gleichberechtigung werden im vorliegenden Buch immer sowohl die weibliche als auch die männliche Form verwendet, außer in den Fällen, in denen es eine geschlechtsneutrale Formulierung gibt.

2 Definitionen

Der Diskurs um die Inklusion ist weit gestreut und oft herrscht über die grundlegenden Begriffe keine Einigkeit. Wocken meint sogar, dass sich „[d]er wissenschaftliche Diskurs um Integration und Inklusion […] bunt und kontrovers [präsentiert]; er gleicht einer babylonischen Sprachverwirrung" (2009, S. 2). Das folgende Kapitel soll helfen, die wichtigsten Begriffe für dieses Buch zu klären. Im ersten Teil geht es dabei um die verschiedenen Möglichkeiten der Teilhabe an der Gesellschaft, die den Individuen offen stehen. Beginnend bei der Exklusion, über die Separation und Segregation, hin zur Integration und Inklusion. Die Begriffe werden jeweils auch im Hinblick auf ihrer Bedeutung für die Schule betrachtet. Der zweite Teil beschäftigt sich mit dem Konzept der Behinderung und möchte klären, welches Verständnis von Behinderung in der Gesellschaft vorherrscht.

2.1 Exklusion, Separation & Segregation

Bei der Exklusion handelt es sich um einen Gesellschaftszustand, bei dem einige Individuen aus einer Kerngruppe ausgeschlossen werden. Bei diesen ausgeschlossenen Individuen und Gruppen handelt es sich oft um Minderheiten oder Menschen, die nicht in das Standardbild der Gesellschaft passen. Mögliche Gründe sind kulturelle Differenzen, sprachliche Probleme, Behinderungen, etc. „Von ‚Exklusion' in einem ethisch nicht zu rechtfertigen Sinn sollte nur dann gesprochen werden, wenn Menschen bewusst und unfreiwillig aus für sie lebensbedeutsamen Gemeinschaften ausgeschlossen oder ‚weggesperrt' werden" (Speck, 2011, S. 118). Für die Schule bedeutet dies, dass einige Kinder, z.B. aufgrund einer Behinderung nicht zum Schulbesuch verpflichtet werden. Sie werden aus der Gruppe gleichaltriger, die zur Schule gehen müssen, ausgeschlossen (vgl. Kuhl, Stanat, Lütje-Klose, Gresch, Anand Pant & Prenzel, 2015, S. 23).

Abbildung 1: Exklusion (Doll-Trepper et al., 2013, S. 3)

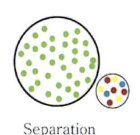

Abbildung 2: Separation (Doll-Trepper et al., 2013, S. 3)

Bei der Separation hat sich das Bild ein wenig gewandelt. Die zuvor ausgeschlossenen Gruppen und Minderheiten erhalten ähnliche Rechte und Pflichten wie die Mehrheit der Gesellschaft, jedoch passiert dies in einem separaten, abgetrennten Rahmen. Differenzieren lässt sich dabei die Separation von der Segregation. Bei der Segregation werden Schülerinnen und Schüler mit Beeinträchtigung an einem anderen Ort unterrichtet als ihre Mitschüler, beispielsweise an einer speziellen Förderschule. Die Separation hebt die räumliche Distanz zwischen den Schülerinnen und Schülern auf. Alle werden am gleichen Ort unterrichtet, jedoch in getrennten Gruppen und Räumen (vgl. Kuhl et al., 2015, S. 23). Betrachtet man das Schulsystem in Deutschland, dann zeigt sich, dass es sich zum größten Teil noch im Zustand der Segregation befindet (vgl. Amrhein, 2011, S. 17). Schülerinnen und Schüler werden nach bestimmten Kategorien einer Schulform zugewiesen: Förderschulen für unterdurchschnittlich begabte Kinder, Regelschulen für normal begabte Kinder und Gymnasien für überdurchschnittlich begabte Kinder (vgl. Heubach, 2013, S. 32). Das Schulsystem befindet sich jedoch im Wandel und wird immer mehr von Integration und Inklusion gekennzeichnet.

2.2 Integration & Inklusion

Die nächste Stufe der Teilhabe an der Gesellschaft ist die Integration. „[D]as Wort [stammt] vom lateinischen ´integratio´, was so viel heißt wie ´Herstellung eines Ganzen´ oder ´Zusammenschluss´" (Speck, 2011, S. 18). Die Minderheitengruppe, die bei der Separation und ebenfalls bei der Segregation noch außerhalb der Mehrheit stand, soll nun in diese integriert werden. Es

Abbildung 3: Integration (Doll-Trepper et al., 2013, S. 3)

wird dabei jedoch noch immer zwischen zwei verschiedenen Gruppen unterschieden. Es gibt eine Gruppe, „*die* integriert wird und eine [Gruppe] *in die* integriert wird" (Hinz, 2007, S. 84; Hervorhebungen durch Verfasserin). Die Unterschiede zwischen den beiden Gruppen sind daher noch immer ersichtlich und werden speziell betont. Es folgt eine ständige Abgrenzung zwischen *ihnen* und *uns*.

> Ziel [der Integration] ist ein freies Zusammenleben unterschiedlicher Menschen in den verschiedenen sozialen Gruppen einer Gesellschaft, einschließlich besonderer Integrationshilfen, um ein gegenseitiges Akzeptieren, Unterstützen und Ergänzen zu ermöglichen (Speck, 2011, S. 118).

Für die Schule bedeutet dies, dass Kinder, die aufgrund einer Behinderung vorher aus der Regelklasse ausgeschlossen wurden, nun mit den nicht behinderten Schülerinnen und Schülern eine Klasse besuchen. Jedoch werden sie „wie in den vorherigen Stufen kategorial und dichotom einer Zwei-Gruppen-Theorie folgend unterschieden: Entweder jemand hat eine Behinderung oder eben nicht" (Kuhl et al., 2015, S. 24). Dies bedeutet für die Schülerinnen und Schüler, dass sie zwar Unterricht in einer Regelklasse erhalten, dieser jedoch häufig von einer separaten Lehrkraft übernommen wird.

Abbildung 4: *Inklusion (Doll-Trepper et al., 2013, S. 3)*

Für Inklusion lässt sich ebenfalls ein lateinischer Ursprung feststellen. *Inclusio* bedeutet so viel wie *Einschließung* oder *Einschluss* (vgl. Hensen et al., 2014, S. 240) und meint, dass alle Individuen einer Gesellschaft zusammen in eine Gemeinschaft gefasst werden. „Es stellt sich nicht mehr die Frage, wer wie integriert werden könnte, da sich die Gruppe von vornherein in einem heterogenen Zustand befindet und alle Teil derselben Gruppe sind" (Heubach, 2013, S. 33). Die Inklusion zeichnet sich durch eine Heterogenität aus, die in den vorherigen Stufen nicht möglich war, die sich jedoch Schritt für Schritt erweitert hat. Heterogenität ist *das* Merkmal der Inklusion. Einbezogen werden alle Geschlechter, Menschen mit unterschiedlichen religiösen und kulturellen Hintergründen, alle sozioökonomischen Ausprägungen sowie alle Menschen mit unterschiedlichen Beeinträchtigungen und Fähigkeiten (vgl. Amrhein, 2011, S. 19). Es entsteht eine neue Gruppe mit „unterschiedlichen Dimensionen der Verschiedenheit" (Amrhein, 2011, S. 19). Das Ziel der Inklusion ist der Abbau von Barrieren, die einzelne Menschen oder Gruppen von Individuen von der vollständigen und gleichberechtigten Teilhabe am gesellschaftlichen Leben hindern. Dabei geht es nicht nur um den Abbau von baulichen Barrieren, sondern ebenso um den Abbau materieller und sozialer Barrieren. Durch die Inklusion soll erreicht werden, dass jedes Individuum von der Gesellschaft angenommen wird und seine Unterschiede nicht als etwas Sonderbares sondern als etwas Normales, als ein Gewinn angesehen werden (vgl. Heubach, 2013, S. 23 & 27; Siedenbiedel & Theurer, 2015b, S 44). „Inklusion beschreibt einen niemals endenden Prozess, um die Teilhabe aller Menschen an sozialen Gemeinschaften zu steigern und individuell oder kollektiv erlebte Barrieren zu verringern" (Amrhein, 2011, S. 15).

Bezieht man dies auf den Kontext der Schule, dann bedeutet das, dass alle Schülerinnen und Schüler gemeinsam eine Klasse besuchen und eine Aufhebung der Zwei-Gruppen-Theorie erreicht wurde. Es wird nicht mehr unterschieden zwischen Kindern mit Behinderung und Kindern ohne Behinderung, sondern jedes Kind versteht sich als gleichberechtigte Schülerin oder gleichberechtigter Schüler einer Klasse (vgl. Doll-Tepper, Blessing-Kapelke, Härtel, Wiesel-Bauer, Gramkow, Wiencek, Fiebiger, Conrads, Albrecht, Schmidt-Gotz, 2013, S. 3).

Die Begriffe *Integration* und *Inklusion* werden jedoch oft nicht klar voneinander abgetrennt und synonym verwendet. Dass beide Konzepte jedoch etwas Unterschiedliches bezeichnen, soll die folgende Tabelle verdeutlichen:

Tabelle 1: Unterschiede Integration - Inklusion

Integration	Inklusion	Quelle
• Einbezogen*werden*	• Einbezogen*sein*	• Markowetz, 2007, S. 222
• Gesellschaft gegeben, Individuum wird integriert • Normen und Werte im Zentrum	• Menschen stellen Gesellschaft gemeinsam her • Kompetenzen und Prinzipien im Zentrum	• vgl. Degener & Diehl, 2015, S. 51 & 389
• Trennung aufgrund von Verschiedenheit/Merkmalen (Zwei-Gruppen-Theorie) • Kategorisierung der Mitglieder	• Verschiedenheit als anerkannte Tatsache • Verzicht der Kategorisierung	• vgl. Blömer, Lichtblau, Jüttner, Koch, Krüger, Werning, 2015, S. 14
• Zunahme der Teilhabe	• Vollständige Teilhabe	• Kleindienst-Cachay, Cachay, Bahlke, Teubert, 2012, S. 75
• Anpassung von Menschen an das System	• Anpassung des Systems an den Menschen	• Hensen et al, 2014, S. 240

Inklusion ist umfassender als das, was man früher mit Integration zu erreichen meinte. Sie ist ein gesellschaftlicher Anspruch, der besagt, dass die Gesellschaft ihrerseits Leistungen erbringen muss, die geeignet sind, Diskriminierungen von Menschen jeder Art und auf allen Ebenen abzubauen, um eine möglichst chancengerechte Entwicklung aller Menschen zu ermöglichen (Reich, 2012, S. 39).

Inklusion und Integration sind sehr vielschichtige und weite Begriffe und im Kontext der Soziologie werden sie nicht nur auf Menschen mit Behinderung angewandt, sondern auf jegliche Menschen, die in ihrer gesellschaftlichen Teilhabe beeinträchtigt werden. In der öffentlichen Diskussion und speziell in jener zur Schule, hat sich der Begriff der Inklusion jedoch für den Diskurs über die Einbeziehung von Menschen mit Behinderung im gesellschaftlichen Leben durchgesetzt (vgl. Speck, 2011, S. 70). In diesem Sinne wird der Begriff *Inklusion* in diesem Buch weiter verwendet. Inklusion steht hier für die Einbindung von Menschen mit Behinderung in Gesellschaft und Schule.

Nicht nur der Begriff der *Inklusion* ist ein schwer fassbarer, ebenso jener der *Behinderung* ist nicht immer eindeutig definiert. Klarheit soll der folgende Abschnitt schaffen.

2.3 Behinderung

In der Europäischen Union ist annähernd jeder sechste Mensch von einer Behinderung betroffen. Betrachtet man die Menschen, die das 75. Lebensjahr bereits hinter sich haben, steigt der Anteil auf mehr als 30%. Dies beinhaltet sowohl leichte, als auch schwere Behinderungen (vgl. Heubach, 2013, S. 77). Doch was ist genau eine Behinderung?

Der Begriff *Behinderung* löst in jedem Menschen ein anders Bild aus. Manche kennen Menschen mit Behinderung aus ihrer näheren Umgebung und haben ein sehr klares Bild von einer möglichen Beeinträchtigung, andere besitzen nur ein vages Bild davon, was eine Behinderung sein könnte. Das Erstaunliche ist jedoch nicht, dass verschiedene Menschen sehr unterschiedliche Bilder von möglichen Behinderungen im Kopf haben, sondern dass die gesellschaftlichen Systeme, Gesetze und Organisationen verschiedene Definitionen von Behinderung haben und nach verschiedenen Referenzkategorien arbeiten. Die prominentesten Modelle und Definitionen sollen im Folgenden dargestellt werden.

2.3.1 Medizinisches Modell vs. Soziales Modell

Das medizinische Modell der Behinderungen geht davon aus, dass es einen Normalzustand gibt, der Menschen als gesund kategorisiert. Dieser Zustand ist dadurch kategorisiert, dass alles im Körper funktionsgetreu arbeitet. Infolgedessen wird eine Behinderung als „negativ-bewertete Abweichungen von körperlichen oder funktionalen Normen oder Verhaltenserwartungen verstanden" (Wansing & Westphal, 2014, S. 182). Dies führt zu einer Defizitorientierung, die nur das betrachtet, was bei einem bestimmten Menschen körperlich, geistig, oder seelisch geschädigt ist (vgl. Balz et al., 2012, S. 81-82). Dem gegenüber steht das soziale Modell. Dabei wird nicht mehr nur noch von einem Defizit am Menschen ausgegangen, sondern die Umwelt miteinbezogen. Eine Behinderung entsteht gemäß diesem Modell aus dem Zusammenspiel der individuellen Problemlage und den Barrieren der Umwelt (vgl. Balz et al., 2012, S. 82). Doll-Trepper et al. verstehen unter solchen gesellschaftlichen Barrieren „unzugängliche Verkehrsmittel, fehlende Gebärdensprachedolmetscher, alternativlose Schulbildung in Förderschulen, Websites, die für blinde Menschen nicht wahrnehmbar sind oder [...] schwer verständliche Texte" (2013, S. 3).

Vergleicht man die Definitionen des Sozialgesetzbuches, der WHO und der UN-BRK, so lässt sich eine graduelle Ausweitung vom medizinischen zum sozialen Modell erkennen.

2.3.2 Sozialgesetzbuch IX

Das deutsche Sozialgesetzbuch IX benutzt eine Definition von Behinderung, die dem medizinischen Modell folgt. In Paragraph 2 findet sich folgendes:

> § 2 Behinderung
> (1) Menschen sind behindert, wenn ihre körperliche Funktion, geistige Fähigkeit oder seelische Gesundheit mit hoher Wahrscheinlichkeit länger als sechs Monate von dem für das Lebensalter typischen Zustand abweichen und daher ihre Teilhabe am Leben in der Gesellschaft beeinträchtigt ist. Sie sind von Behinderung bedroht, wenn die Beeinträchtigung zu erwarten ist (Sozialgesetzbuch, 2001, S. 7-8).

Von einer Behinderung betroffen oder bedroht sind also jene Menschen, deren „körperliche Funktion, geistige Fähigkeit oder seelische Gesundheit" (Sozialgesetzbuch, 2001, S. 7-8) für einen längeren Zeitpunkt beeinträchtigt sind oder möglicherweise beeinträchtigt werden. Ersichtlich wird, dass der deutsche Staat von einer Defizitorientierung ausgeht und ein sehr enges Verständnis von Behinderung vertritt. Dies kann durch die Funktion des Staates erklärt werden. Jener muss Ressourcen und Hilfsangebote für Menschen mit Behinderung bereitstellen und oft die Frage der Finanzierung klären. Eine weite Definition von Behinderung würde diese Arbeit erschweren und den Staat häufig in einen Erklärungszwang bringen, wenn Mittel und Ressourcen nicht genehmigt werden. Eine enge Definition ist daher für jeden Staat von Vorteil. Eine ähnliche Auffassung vertrat für einige Zeit die Weltgesundheitsorganisation (WHO), bevor ein entscheidender Wechsel eintrat.

2.3.3 Weltgesundheitsorganisation (WHO)

Die WHO verfolgte und verfolgt beide Modelle. Die *International Classification of Impairements, Disabilities and Handicaps (ICIDH)* wurde 1980 veröffentlicht. Das Dokument versuchte verschiedene Krankheiten zu definieren und somit sowohl Individuen, als auch das Gesundheitssystem bei der Klassifikation von

Krankheiten zu unterstützen. Zur Behinderung im Allgemeinen findet sich nachstehende Definition:

> In the context of health experience, a handicap is a disadvantage for a given individual resulting from an impairment or a disability, that limits or prevents the fulfilment of a role that is normal (depending on age, sex, and social and cultural factors) for that individual (WHO, 1993, S. 183).

Diese Definition geht eindeutig von einem defizitorientierten und medizinischen Grundverständnis aus. Eine Behinderung ist ein Nachteil (*disadvantage*) für einen Menschen, der aufgrund einer Beeinträchtigung (*impairment*) auftritt und denjenigen an seiner *normalen* Teilhabe an der Gesellschaft (*fulfilment of a role that is normal*) behindert oder sogar ausschließt (*limits or prevents*). Doch auch die WHO hat ihr Verständnis von Behinderung verändert und 2001 die *International Classification of Functioning, Disability and Health (ICF)* veröffentlicht. Bereits der Name lässt erkennen, dass ein Umdenken stattgefunden hat. Neu liest sich:

> The International Classification of Functioning, Disability and Health (ICF) defines disability as an umbrella term for impairments, activity limitations and participation restrictions. Disability is the interaction between individuals with a health condition (e.g. cerebral palsy, Down syndrome and depression) and personal and environmental factors (e.g. negative attitudes, inaccessible transportation and public buildings, and limited social supports) (WHO, 2015, o.S.).

Das medizinische Modell wurde durch das soziale ersetzt, welches nun die Fähigkeiten und die Gesundheit des Menschen in den Vordergrund stellt. Die ICF „beruht auf der Erkenntnis, dass jegliche Umstände einer Person und seiner Umwelt einbezogen werden müssen, um den Begriff der Behinderung zu verstehen" (Heubach, 2013, S. 18). Eine Behinderung setzt sich daher aus drei Faktoren zusammen: dem Gesundheitszustand (*health condition*), den persönlichen und den umweltbedingten Faktoren (*personal and environmental factors*) einer jeden Person.

2.3.4 UN-BRK

Die weiteste Definition von Behinderung verwendet die Behindertenrechts-konvention der Vereinten Nationen (folgend UN-BRK). Im ersten Artikel definieren sie Behinderung folgendermaßen:

Artikel 1
Zweck
[…] Zu den Menschen mit Behinderung zählen Menschen, die langfristige körperliche, seelische, geistige oder Sinnesbeeinträchtigungen haben, welche sie in Wechselwirkung mit verschiedenen Barrieren an der vollen, wirksamen und gleichberechtigten Teilhabe an der Gesellschaft hindern können (Degener & Diehl, 2015, S. 404).

Diese Ansicht vereint die Punkte aller im Vorfeld betrachteter Definitionen. Ähnlich wie das Sozialgesetzbuch IX geht die UN-BRK von einer langfristigen Beeinträchtigung aus, wobei jedoch nicht definiert wird, was langfristig bedeutet. Ebenfalls wird die persönliche Schädigung genannt, die sowohl den Körper, als auch Seele und Geist betreffen kann. Ähnlich wie für die WHO steht für die UN-BKR die Wechselwirkung zwischen persönlicher Beeinträchtigung und unterschiedlicher Barrieren im Zentrum, welche die gesellschaftliche Teilhabe eines Individuums be- und verhindern können. Artikel 1 verknüpft das medizinische und das soziale Modell, doch damit ist für die Vereinten Nationen der Begriff der Behinderung noch nicht hinreichend ausgeweitet. Zusätzliche Parameter werden in der Präambel definiert.

Präambel
Die Vertragsstaaten dieses Übereinkommens,
(e) in der Erkenntnis, dass das Verständnis von Behinderung sich ständig weiterentwickelt und dass Behinderung aus der Wechselwirkung zwischen Menschen mit Beeinträchtigungen und einstellungs- und umweltbedingten Barrieren entsteht, die sie an der vollen, wirksamen und gleichberechtigten Teilhabe an der Gesellschaft hindern,
(i) ferner in der Erkenntnis der Vielfalt der Menschen mit Behinderungen, haben Folgendes vereinbart: […] (Degener & Diehl, 2015, S. 401-402).

Das Konzept der Behinderung aus Artikel 1

> wird also noch angereichert um eine weitere Dimension: den Aspekt der Diversität. Das heißt: Menschen sind nicht einfach ´Behinderte´, sondern tragen ein Bündel wesentlicher Merkmale wie Alter, Geschlecht, Herkunftsgeschichte, verschiedene Fähigkeiten oder Beeinträchtigungen in der Lebensspanne mit sich (Hebbel-Seeger, Horky, Schulke, 2013, S. 48).

Allerdings wird das Konzept nicht nur um den Diversitätsaspekt erweitert. Eine weitere Neuerung kam bei der UN-BRK zum Tragen. Während im deutschen Sozialgesetzbuch IX noch zu lesen ist: „Menschen *sind* behindert […]" (2001, S. 7; Hervorhebung durch Verfasserin), findet sich in der UN-BRK: „Zu den Menschen *mit Behinderung* zählen […]" (Degener & Diehl, 2015, S.404; Hervorhebung durch Verfasserin). Im Sozialgesetzbuch IX wird den Menschen die Behinderung als eine entscheidende Persönlichkeitseigenschaft zugeschrieben. Menschen *sind* behindert oder nicht. Die UN-BRK zeigt durch die neue Formulierung, dass Menschen das *Merkmal* einer Behinderung besitzen können. Es ist jedoch nicht mehr der entscheidende Teil ihrer Persönlichkeit, sondern nur noch „ein Merkmal unter vielen anderen" (Ahrbeck, 2014, S. 8). Heubach plädiert dafür, dass „[m]an [...] sich bewusst machen [sollte], dass eine Behinderung nur einen geringen Teil des Individuums selbst ausmacht (2013, S. 21). Dass diese Sichtweise jedoch nicht nur Vorteile aufweist, zeigt Ahrbeck im gleichen Artikel. Demgemäß könnte eine solch alltägliche Ansicht von Behinderung dazu führen, dass eine Behinderung nebensächlich wird und damit ihre Bedeutung verliert, was bedeutet, dass die Betroffen eventuell „an gezielter Aufmerksamkeit verlieren" (Ahrbeck, 2014, S. 8). Dieses Dilemma ist im Inklusionskontext als *Ettikettierungs-Ressourcen-Dilemma* bekannt und wird zu einem späteren Zeitpunkt erläutert.

Die Definition der Vereinten Nationen ist die weitreichendste, die zurzeit verwendet wird und die den Diskurs zur Inklusion maßgeblich beeinflusst. Entscheidend ist, dass die UN-BRK ein mehrperspektivisches Bild von möglichen Behinderungen und Beeinträchtigungen beschreibt, dass sich zusätzlich entwickeln kann und wandelbar ist. Was für uns heute eine Behinderung sein kann, kann in ein paar Jahren keine mehr sein und umgekehrt.

Die UN-BRK ist *das* entscheidende Dokument, auf das sich der Diskurs der Inklusion stützt. Für den weiteren Verlauf des Buchs ist es wichtig zu verstehen, was die UN-BRK genau ist und wie es zu ihr kam.

3 Auf dem Weg zur UN-BRK

Das nachstehende Kapitel beschäftigt sich mit den Entwicklungen auf der internationalen Bühne, die zum Entstehen der UN-BRK beigetragen haben, beginnend 1948 mit der Erklärung der Menschenrechte. Aufbauend auf diesen Entwicklungen werden die politischen Empfehlungen Deutschlands betrachtet, die in Bezug zum Bildungssystem stehen und 2009 in der Ratifizierung der UN-BRK mündeten. Ein Exkurs zum Ende des Kapitels beschäftigt sich mit dem Elternwahlrecht und der vermeintlich geforderten Abschaffung der Förderschulen.

3.1 Internationale Entwicklungen

Im Jahre 2006 wurde die Behindertenrechtskonvention von den Vereinen Nationen beschlossen, jedoch war es bis dahin ein weiter Weg. Ein Weg, der 1948 begann. In jenem Jahr wurde von den Vereinten Nationen die Allgemeine Erklärung der Menschenrechte verabschiedet, die bereits ein Recht auf Bildung für alle vorsah (vgl. Degener & Diehl, 2015, S. 141). In Artikel 26 fordern die Vereinten Nationen:

> **Article 26**
> 1. Everyone has the right to education. Education shall be free, at least in the elementary and fundamental stages. Elementary education shall be compulsory. Technical and professional education shall be made generally available and higher education shall be equally accessible to all on the basis of merit.
> 2. Education shall be directed to the full development of the human personality and to the strengthening of respect for human rights and fundamental freedoms. It shall promote understanding, tolerance and friendship among all nations, racial or religious groups, and shall further the activities of the United Nations for the maintenance of peace.
> 3. Parents have a prior right to choose the kind of education that shall be given to their children (Vereinte Nationen, 1948, S. 7).

Im ersten Absatz wird für den Elementarbereich eine freie, aber auch obligatorische Bildung für *alle* gefordert, jene in den höheren Bereichen soll für jeden zumindest vorhanden und zugänglich sein. Absatz zwei präzisiert, dass Bildung dazu dienen soll, die Menschen in ihrer Persönlichkeitsbildung zu unterstützen und sie zu toleranten und verständnisvollen Individuen ausbilden soll. Im letzten Absatz wird betont, dass Eltern ein Mitspracherecht bei der

Entscheidung über den Bildungsweg ihrer Kinder haben. Dass dieses Elternwahlrecht sehr ambivalent gesehen werden kann und muss, wird am Ende dieses Kapitels erläutert.

Obwohl für jede Person die Rechte der Menschen gelten, sah und sieht die Praxis in den Schulen oft anders aus. Wie bereits oben erläutert, bestand für Kinder mit Behinderung oft keine Schulpflicht (vgl. Kuhl et al., 2015, S. 23). Dies bedeutete eine Ungleichbehandlung einzelner Kinder aufgrund ihrer Behinderung, was nicht im Sinne der vorliegenden Erklärung war. Daraufhin folgte 1959 die *Declaration of the Rights of the Child*. Diese forderte eine gleichberechtigte Behandlung für Kinder mit Behinderung in Artikel 5: „The child who is physically, mentally or socially handicapped shall be given the special treatment, education and care required by his particular condition (Vereinte Nationen, 1959, S. 164). Durch diesen Artikel soll erreicht werden, dass Kinder mit Behinderung, genauso wie jedes andere Kind ohne Behinderung, die Behandlung, Bildung und Fürsorge bekommen, die ihrem spezifischen Zustand angepasst sind. In vielen Ländern wurde dies durch ein ausgeprägtes Sonder- und Förderschulsystem erreicht, welches besonders in Deutschland sehr stark ausgebaut wurde und Thema des nächsten Kapitels ist. Die Gedanken der *Declaration of the Rights of the Child* fanden 1989 Eingang in die Kinderrechtskonvention der Vereinten Nationen:

Artikel 28
(1) Die Vertragsstaaten erkennen das Recht des Kindes auf Bildung an; um die Verwirklichung dieses Rechts auf der Grundlage der Chancengleichheit fortschreitend zu erreichen, werden sie insbesondere
   (a) den Besuch der Grundschule für alle zur Pflicht und unentgeltlich machen;
   (b) die Entwicklung verschiedener Formen der weiterführenden Schulen allgemeinbildender und berufsbildender Art fördern, sie allen Kindern verfügbar und zugänglich machen und geeignete Maßnahmen wie die Einführung der Unentgeltlichkeit und die Bereitstellung finanzieller Unterstützung bei Bedürftigkeit treffen;
   (c) allen entsprechend ihren Fähigkeiten den Zugang zu den Hochschulen mit allen geeigneten Mitteln ermöglichen;
   (d) Bildungs- und Berufsberatung allen Kindern verfügbar und zugänglich machen;
   (e) Maßnahmen treffen, die den regelmäßigen Schulbesuch fördern und den Anteil derjenigen, welche die Schule vorzeitig verlassen, verringern (Vereinte Nationen, 1989, o.S.).

Die Nationen verpflichteten sich nun, den Schulbesuch für alle Kinder zur Pflicht zu machen und sie entsprechend ihrer Möglichkeiten und Fähigkeiten zu fordern und ebenso zu fördern. Doch auch dieses Dokument war nur ein kleiner Schritt auf dem Weg zu einer gleichberechtigten Behandlung aller. Die traurige Realität im Bildungssystem war ein Jahr später von folgenden Fakten geprägt:

- Mehr als 100 Millionen Kinder, davon wenigstens 60 Millionen Mädchen, haben keinen Zugang zu einer Grundschulbildung.
- Mehr als 960 Millionen Erwachsene, zwei Drittel davon Frauen, sind Analphabeten; Analphabetismus ist ein Problem in Industrie- und Entwicklungsländern.
- Mehr als ein Drittel der Erwachsenen haben keinen Zugang zu gedrucktem Wissen, neuen Fähigkeiten und Technologien, die die Qualität ihres Lebens verbessern könnten und ihnen helfen würden, einen sozialen und kulturellen Wechsel anzustoßen.
- Mehr als 100 Millionen Kinder und unzählige Erwachsene schaffen es nicht, Grundschulprogramme abzuschließen. Millionen andere erfüllen die Anwesenheitsvorgaben, erwerben jedoch nicht das nötige Wissen und die nötigen Fähigkeiten (Vereinte Nationen, 1990, o.S.; eigene Übersetzung).

Diese Fakten bildeten den Eingang zur *World Declaration of Education for All*, in der ein weiteres Mal eine umfassende, angebrachte und angepasste Bildung für alle gefordert wurde: „Every person - child, youth and adult - shall be able to benefit from educational opportunities designed to meet their basic learning needs" (Vereinte Nationen, 1990, o.S.). Diese Erklärung war, ähnlich wie die Erklärung der Menschenrechte, auf alle Menschen zugeschnitten, eine Spezifizierung für Menschen mit Behinderung wurde nicht gemacht. Diese erfolgte 1994 in Salamanca, Spanien. Die Weltkonferenz der UNESCO fand unter dem Titel *Pädagogik für besondere Bedürfnisse: Zugang und Qualität* statt (vgl. Werning, 2014, S. 603). Menschen und vor allem Kinder mit Behinderung rückten in den Fokus der Diskussion. 92 Regierungen und 25 internationale Organisationen unterzeichneten eine Resolution, die eine inklusive Bildung aller fordert. Die Resolution geht dabei in ihren Rahmenbedingungen auf alle möglichen Umstände ein, von denen Kindern betroffen sein können und beachtet somit die verschiedenen Probleme, mit denen unterschiedliche Länder zu kämpfen haben. Der Besuch der Schule kann für Kinder erschwert sein, die von Behinderung betroffen sind, die eine nomadische Herkunft besitzen, einer kulturellen Minderheit angehören, auf der Straße leben oder aufgrund anderer Faktoren benachteiligt sind (vgl. Balz et al., 2012, S. 144).

> The guiding principle [...] is that schools should accommodate *all children* regardless of their physical, intellectual, social, emotional, linguistic or other conditions. This should include disabled and gifted children, street and working children, children from remote or nomadic populations, children from linguistic, ethnic or cultural minorities and children from other disadvantaged or marginalized areas or groups. [...] Schools have to find ways of successfully educating all children, including those who have serious disadvantages and disabilities. There is an emerging consensus that children and youth with special educational needs should be included in the educational arrangements made for the majority of children. This has led to the concept of the inclusive school. [...] For far too long, the problems of people with disabilities have been compounded by a disabling society that has focused upon their impairments rather than their potential (UNESCO, 1994, S. 6-7; Hervorhebung durch Autor).

Das Ziel der Resolution ist eine *inclusive school*[1], die einem sozialen Modell von Behinderung/Beeinträchtigung folgt und ausgeweitet wird „auf Prozesse der Exklusion aufgrund von Geschlecht, sozialer Herkunft, kultureller Herkunft, Sprache [oder] intellektueller Fähigkeiten" (Werning, 2014, S. 606). Eine Schule, in der alle gemeinsam unterrichtet werden, in der die Fähigkeiten und Möglichkeiten eines jeden einzelnen im Zentrum stehen und nicht ihre Beeinträchtigungen und Benachteiligungen. Zeitgleich wird die Praxis der Gesellschaft kritisiert, die solche Menschen auf ihre speziellen Merkmale reduziert und deswegen ausgeschlossen hat. Die teilhabenden Regierungen und Organisationen stellen klare Forderungen an *alle* Bildungssysteme. Unter Punkt 2 der Resolution wird detailliert gefordert, dass ...

- ... every child has a fundamental right to education, and must be given the opportunity to achieve and maintain an acceptable level of learning,
- ... every child has unique characteristics, interests, abilities and learning needs,
- ... education systems should be designed and educational programmes implemented to take into account the wide diversity of these characteristics and needs,
- ... those with special educational needs must have access to regular schools which should accommodate them within a child-centred pedagogy capable of meeting these needs,
- ... regular schools with this inclusive orientation are the most effective means of combating discriminatory attitudes, creating welcoming communities, building an inclusive society and achieving education for all; moreover, they provide an effective education to the majority of children and improve the efficiency and ultimately the cost-effectiveness of the entire education system (UNESCO, 1994, S. viii-ix).

In Salamanca wurde wiederholt, was die Erklärungen der Vereinten Nationen bereits seit 41 Jahren fordern. Ziel der Weltkonferenz war es, dass alle Kinder,

---

[1] Die deutsche Übersetzung benutzte nach wie vor den Begriff der *integrativen* Schule, anstatt dem der *inklusiven* Schule (vgl. Werning, 2014, S. 604).

Jugendlichen und Erwachsenen mit Behinderung und/oder Beeinträchtigung einen gleichberechtigten Zugang zu Schulbildung erhalten. Entscheidend für die Resolution ist, dass jedes Kind einzigartig ist und in dieser Einzigartigkeit angenommen und respektiert wird. Es wird betont, dass die *Schulen* die Anstrengung unternehmen müssen, allen ihren Schülerinnen und Schülern einen Zugang zur gleichberechtigten Bildung zu gewährleisten. Schließlich wird ebenfalls angemerkt, dass eine solche Praxis Vorteile für jede Gesellschaft hat: Vorurteile werden abgebaut und Kosten eingespart. Einziges Manko: Die Erklärung hatte „noch keinen rechtsverbindlichen Charakter" (König et al., 2015, S. 9).

Elf Jahre später folgten von der UNESCO die *Guidelines for Inclusion: Ensuring Access for All*, ein Dokument, das zur Unterstützung für die Länder bei der Herstellung von inklusiven Bildungsplänen gedacht ist (vgl. Amrhein, 2011, S. 28). Bereits ein Jahr später wurde die Behindertenrechtskonvention von den Vereinten Nationen am 21. Dezember 2006 in New York beschlossen. Die UN-BRK wurde seither von 138 Staaten ratifiziert und hat seit dem 26. März 2009 auch für den deutschen Staat eine rechtliche Verbindlichkeit; sie ist einem Bundesgesetz ähnlich. Die UN-BRK besteht aus der Konvention selbst und einem Fakultativprotokoll. Sie enthält eine Präambel und 50 Artikel, die grundlegende Regeln, Menschenrechtsfragen und formelle Regelungen besprechen. Entscheidend ist, dass die Konvention keine neuen Menschenrechte implementiert, sondern die vorhandenen Menschenrechte auf Menschen mit Behinderung spezifiziert und ihnen somit eine Stimme gibt, die gehört wurde und wird (vgl. Hensen et al., 2014, S. 238-239 & 242). Vor allem in den Bereichen der Bildung, der Arbeit, des Wohnens und der Freizeit soll Inklusion stattfinden und ein Umdenken in der Gesellschaft angestoßen werden (vgl. Balz et al, 2012, S. 79). Einige Fakten zur UN-BRK:

- Sie ist die erste Menschenrechtskonvention im neuen Jahrtausend.
- Sie ist in der Geschichte der Vereinten Nationen die in kürzester Zeit von der größten Anzahl von Staaten unterzeichnete Menschenrechtskonvention.
  → 80 Staaten unterzeichneten am 30. März 2007.
- Sie etabliert ein neues System nationaler Überwachung und erklärt die Entwicklungspolitik zur Menschenrechtsfrage.
- Sie kodifiziert erstmalig ein neues Modell von Behinderung: das menschenrechtliche Modell.
- Sie ist die am schnellsten verhandelte Menschenrechtskonvention (vgl. Degener & Diehl, 2015, S. 55 & 57).

Die Konvention basiert auf dem oben beschriebenen Verständnis von Behinderung und ihr liegen acht Prinzipien zu Grunde, die in Artikel 3 beschrieben werden. Diese Prinzipien sind: Achtung gegenüber den Menschen, Nichtdiskriminierung, wirksame und vollständige Teilhabe an der Gesellschaft, Achtung und Akzeptanz von Unterschiedlichkeit und Vielfalt, Chancengleichheit, Zugänglichkeit, Gleichberechtigung der Geschlechter und Achtung für sich entwickelnde Fähigkeiten und Wahrung der Identität von Kindern mit Behinderung (vgl. Degener & Diehl, 2015, S. 405-406). Das Ziel dieser Konvention ist es, dass die Belange von Menschen mit Behinderung in den Fokus der Gesellschaft rücken und eine Transformation in der Gesellschaft anstoßen. Menschen mit Behinderung sollen als *normal* angesehen werden, ihre Beeinträchtigung als „Variante menschlicher Vielfalt" (Degener & Diehl, 2015, S. 51). Gefordert wird, dass diese Menschen gleichberechtigt am öffentlichen Leben teilhaben können und als gleichwertige Individuen angesehen werden. Mit den gleichen Rechten, Pflichten und Bedürfnissen wie jeder andere Mensch auch. Dies erfordert eine Transformation der Gesellschaft, die alle Ebenen des Lebens umfasst. Mögliche Veränderungen, die nicht nur Menschen mit Behinderung zu Gute kommen, sondern ebenso vielen anderen Menschen, sind beispielsweise ein barrierefreier Zugang zu öffentlichen Verkehrsmitteln, die Verwendung leichterer Sprache bei Dokumenten oder Informationsmaterialien sowie der Zugang zu einer allgemeinen Schulbildung für alle. Die Konvention ist für alle Vertragsstaaten rechtlich verpflichtend, was bedeutet, dass alle Forderungen bindend sind und eingehalten werden müssen (vgl. Degener & Diehl, 2015, S. 51-52 & 58).

Die Präambel sowie die Artikel 1 und 3 bilden die Grundvoraussetzungen für die gesamte Konvention und somit auch für Artikel 24, der sich mit der Bildung beschäftigt. In Artikel 24 wird zur inklusiven Bildung von den Vereinten Nationen folgendes gefordert:

Artikel 24
Bildung

(1) Die Vertragsstaaten anerkennen das Recht von Menschen mit Behinderungen auf Bildung. Um dieses Recht ohne Diskriminierung und auf der Grundlage der Chancengleichheit zu verwirklichen, gewährleisten die Vertragsstaaten ein integratives Bildungssystem[2] auf allen Ebenen und lebenslanges Lernen mit dem Ziel,
  - (a) die menschlichen Möglichkeiten sowie das Bewusstsein der Würde und das Selbstwertgefühl des Menschen voll zur Entfaltung zu bringen und die Achtung vor den Menschenrechten, den Grundfreiheiten und der menschlichen Vielfalt zu stärken;
  - (b) Menschen mit Behinderungen ihre Persönlichkeit, ihre Begabungen und ihre Kreativität sowie ihre geistigen und körperlichen Fähigkeiten voll zur Entfaltung bringen zu lassen;
  - (c) Menschen mit Behinderungen zur wirklichen Teilhabe an einer freien Gesellschaft zu befähigen.

(2) Bei der Verwirklichung dieses Rechts stellen die Vertragsstaaten sicher, dass
  - (a) Menschen mit Behinderungen nicht aufgrund von Behinderung vom allgemeinen Bildungssystem ausgeschlossen werden und dass Kinder mit Behinderungen nicht aufgrund von Behinderung vom unentgeltlichen und obligatorischen Grundschulunterricht oder vom Besuch weiterführender Schulen ausgeschlossen werden;
  - (b) Menschen mit Behinderungen gleichberechtigt mit anderen in der Gemeinschaft, in der sie leben, Zugang zu einem integrativen, hochwertigen und unentgeltlichen Unterricht an Grundschulen und weiterführenden Schulen haben;
  - (c) angemessene Vorkehrungen für die Bedürfnisse des Einzelnen getroffen werden;
  - (d) Menschen mit Behinderungen innerhalb des allgemeinen Bildungssystems die notwendige Unterstützung geleistet wird, um ihre erfolgreiche Bildung zu erleichtern;
  - (e) in Übereinstimmung mit dem Ziel der vollständigen Integration wirksame individuell angepasste Unterstützungsmaßnahmen in einem Umfeld, das die bestmögliche schulische und soziale Entwicklung gestattet, angeboten werden.

(3) Die Vertragsstaaten ermöglichen Menschen mit Behinderungen, lebenspraktische Fertigkeiten und soziale Kompetenzen zu erwerben, um ihre volle und gleichberechtigte Teilhabe an der Bildung und als Mitglieder der Gemeinschaft zu erleichtern. Zu diesem Zweck ergreifen die Vertragsstaaten geeignete Maßnahmen; unter anderem
  - (a) erleichtern sie das Erlernen von Brailleschrift, alternativer Schrift, ergänzenden und alternativen Formen, Mitteln und Formaten der Kommunikation, den Erwerb von Orientierungs- und Mobilitätsfertigkeiten sowie die Unterstützung durch andere Menschen mit Behinderungen und das Mentoring;
  - (b) erleichtern sie das Erlernen der Gebärdensprache und die Förderung der sprachlichen Identität der Gehörlosen;

---

[2] Im Original heißt es: *inclusive educational system (Vereinte Nationen, 2006, o.S.)*. Wie bereits bei der Übersetzung der Erklärung von Salamanca, präferiert der deutsche Staat die Verwendung des Wortes *integrativ* und wurde dafür kritisiert. Dass dieses Wort jedoch eine entscheidend andere Bedeutung als das Wort *inklusiv* hat, wurde in Kapitel 2 gezeigt. Dazu ist anzumerken, dass die deutsche Fassung nicht die rechtlich verbindliche ist, sondern in Rechtsfragen die englische Version zählt (vgl. Hensen et al, 2014, S. 105 & 240).

> (c) stellen sie sicher, dass blinden, gehörlosen oder taubblinden Menschen, insbesondere Kindern, Bildung in den Sprachen und Kommunikationsformen und mit den Kommunikationsmitteln, die für den Einzelnen am besten geeignet sind, sowie in einem Umfeld vermittelt wird, das die bestmögliche schulische und soziale Entwicklung gestattet.
> (4) Um zur Verwirklichung dieses Rechts beizutragen, treffen die Vertragsstaaten geeignete Maßnahmen zur Einstellung von Lehrkräften, einschließlich solcher mit Behinderungen, die in Gebärdensprache oder Brailleschrift ausgebildet sind, und zur Schulung von Fachkräften sowie Mitarbeitern und Mitarbeiterinnen auf allen Ebenen des Bildungswesens. Diese Schulung schließt die Schärfung des Bewusstseins für Behinderungen und die Verwendung geeigneter ergänzender und alternativer Formen, Mittel und Formate der Kommunikation sowie pädagogische Verfahren und Materialien zur Unterstützung von Menschen mit Behinderungen ein.
> (5) Die Vertragsstaaten stellen sicher, dass Menschen mit Behinderungen ohne Diskriminierung und gleichberechtigt mit anderen Zugang zu allgemeiner Hochschulbildung, Berufsausbildung, Erwachsenenbildung und lebenslangem Lernen haben. Zu diesem Zweck stellen die Vertragsstaaten sicher, dass für Menschen mit Behinderungen angemessene Vorkehrungen getroffen werden (Degener & Diehl, 2015, S. 418-420).

Der Artikel verlangt zu Beginn, was die anderen Vereinbarungen ebenfalls zu erreichen versucht haben: ein Recht auf Bildung für alle und damit ebenso für Menschen mit Behinderung, ohne Einschränkung. Ziel des ersten Absatzes ist es, dass alle Menschen ohne Angst vor Diskriminierung und mit den gleichen Chancen eine Bildung erhalten, dass sie geachtet und respektiert werden und dass diese Bildung die Menschen mit den Fähigkeiten ausstattet, die eine gesellschaftliche Teilhabe ermöglichen. Der zweite Abschnitt wiederholt, dass Menschen aufgrund ihrer Behinderung nicht ausgeschlossen werden dürfen, da dies eine Diskriminierung darstellen würde. Diskriminierung wird im zweiten Artikel der Konvention definiert als

> jede Unterscheidung, Ausschließung oder Beschränkung aufgrund von Behinderung, die zum Ziel oder zur Folge hat, dass das auf die Gleichberechtigung mit anderen gegründete Anerkennen, Genießen oder Ausüben aller Menschenrechte und Grundfreiheiten im politischen, wirtschaftlichen, sozialen, kulturellen, bürgerlichen oder jedem anderen Bereich beeinträchtigt oder vereitelt wird (Degener & Diehl, 2015, 405).

Kinder mit Behinderung dürfen nun nicht mehr aus den regulären Schulen ausgeschlossen werden und an Sonderschulen oder Heime abgeschoben werden, was zuvor eine willkommene Praxis war. Dieser neue Rechtsanspruch verhindert, dass Eltern, die früher als Bittsteller auf das Wohlwollen einer Schule und ihrer Lehrerinnen und Lehrer angewiesen waren, weiterhin um eine Aufnahme an einer Regelschule bangen oder kämpfen müssen, da diese nun von den Schulen gewährleistet werden muss (vgl. Speck, 2011, S. 88). Kommt eine schulische Institution dieser Forderung nicht nach, muss sie dies rechtfertigen können, da sie damit das bestehende Gesetz bricht (vgl. Wansing & Westphal, 2014, S. 180). Durch die UN-BRK hat *jedes* Kind einen rechtlichen Anspruch darauf, in einer Regelschule aufgenommen zu werden, und so heißt es in Absatz 2, dass die Schulen die entsprechenden Vorkehrungen treffen müssen, um dies zu ermöglichen und den Anspruch aller Kinder zu gewährleisten. Dies kann bedeuten, dass Räume und Gebäude umgebaut werden müssen, um barrierefrei zu sein, dass Materialien an die speziellen Bedürfnisse der Kinder angepasst werden, oder ebenfalls, dass Assistenten eingestellt werden, die auf die Bedürfnisse der Kinder eingehen können (vgl. Hensen et al., 2014, S. 259). Der nächste Absatz fordert die Vertragsstaaten auf, den Kindern jene Fähigkeiten und Kompetenzen beizubringen, denen eine entscheidende Bedeutung bei der Teilhabe an der Gesellschaft zukommen. Zu diesen Fähigkeiten gehört das Lernen einer adäquaten Schriftform sowie unterschiedlicher Formen der Kommunikation. Absatz 4 macht erneut deutlich, dass es an den Schulen liegt, sich um geeignete Mittel und Lehrkräfte zu kümmern, die den oben geforderten Ansprüchen gerecht werden. Im letzten Absatz wird erläutert, dass alle Ansprüche nicht nur für die Bildung in der Elementar-, Grund- und Sekundarstufe gelten, sondern dass diese ebenso für die Hochschulbildung, die Berufs- und Erwachsenenbildung sowie das lebenslange Lernen gelten. Das Ziel des Artikels ist es, dass Schulsysteme geschaffen werden, die Kinder mit Behinderung gleichberechtigt einschließen, die ihnen die nötige und individuelle Unterstützung gewähren, um erfolgreich ihren Bildungsweg zu gehen und die es „ihnen ermöglich[en], zusammen mit anderen Kindern ihrer Wohn- und Lebenswelt zu lernen und so die eigene Persönlichkeit zu entwickeln" (Speck, 2011, S. 85).

Die UN-BRK führte zu einigen entscheidenden Perspektivenwechsel:

- vom Konzept der Integration zum Konzept der Inklusion
- von der Wohlfahrt und Fürsorge zur Selbstbestimmung
- Menschen mit Behinderung werden on Objekten zu Subjekten
- von Patient/innen zur Bürger/innen
- von Problemfällen zu Träger/innen von Rechten /Rechtssubjekten) (Doll-Trepper et al., 2013, S. 2).

Daraus lässt sich schließen, „dass die Autonomie und Freiheit von behinderten Menschen respektiert werden muss, und andererseits, dass behinderte Menschen in die Lage versetzt werden sollen, ihre individuellen Potentiale für Autonomie und Freiheit voll zu entwickeln" (Balz et al., 2012, S. 85).

Ein letztes wichtiges Programm wurde bereits im Jahre 2000 in Dakar am Weltbildungsforum beschlossen. 164 Regierungen verabschiedeten das Programm *Bildung für Alle*, das bis 2015 folgende sechs Ziele für Kinder, Jugendliche und Erwachsene erreichen sollte:

> Ziel 1: Frühkindliche Förderung und Erziehung soll ausgebaut und verbessert werden, insbesondere für benachteiligte Kinder.
> Ziel 2: Bis 2015 sollen alle Kinder – insbesondere Mädchen, Kinder in schwierigen Lebensumständen und Kinder, die zu ethnischen Minderheiten gehören – Zugang zu unentgeltlicher, obligatorischer und qualitativ hochwertiger Grundschulbildung erhalten und diese auch abschließen.
> Ziel 3: Die Lernbedürfnisse von Jugendlichen und Erwachsenen sollen durch Zugang zu Lernangeboten und Training von Basisqualifikationen (lifeskills) abgesichert werden.
> Ziel 4: Die Analphabetenrate unter Erwachsenen, besonders unter Frauen, soll bis 2015 um 50 % reduziert werden. Der Zugang von Erwachsenen zu Grund- und Weiterbildung soll gesichert werden.
> Ziel 5: Bis 2005 soll das Geschlechtergefälle in der Primar- und Sekundarbildung überwunden werden. Bis 2015 soll Gleichberechtigung der Geschlechter im gesamten Bildungsbereich erreicht werden, wobei ein Schwerpunkt auf der Verbesserung der Lernchancen für Mädchen liegen muss.
> Ziel 6: Die Qualität von Bildung muss verbessert werden (UNESCO, 2015, S. 3).

Im Zuge dieses Programms wurde von der UNESCO 2009 das Dokument *Inklusion: Leitlinien für die Bildungspolitik* herausgegeben. *Bildung für Alle* und die Leitlinien gehen davon aus, dass noch immer 75 Millionen Kinder in der ganzen Welt keinen Zugang zu Bildung haben und dass der Anteil von Kindern mit Behinderung einen Drittel davon ausmacht. Zusätzlich geben 150 Millionen Kinder den Besuch der Schule vor dem Ende der Primarschulzeit auf, wobei der Anteil weiblicher Schülerinnen bei mindestens zwei Dritteln liegt. 776 Millionen Erwachsene können nicht Lesen und Schreiben und haben nie eine Schule besucht (vgl. Speck, 2011, S. 83; Balz et al., 2012, S. 145). Vergleicht man diese Zahlen, mit jenen aus dem Jahre 1990 von Jomiten, so lässt sich leider nur eine kleine Verbesserung feststellen.

Die Leitlinien fordern jedoch nicht nur eine Bildung für alle Menschen, sie begründen den Wunsch nach inklusiver Bildung aus pädagogischer, sozialer und ökonomischer Sicht. Die *pädagogische Begründung* besagt, dass das gemeinsame Unterrichten allen Kindern und Jugendlichen zum Vorteil gereichen soll. Lehrerinnen und Lehrer müssen sich auf die Unterschiede jeder Schülerin und jeden Schülers einzeln einstellen und den bestmöglichen Weg finden, um die Fähigkeiten und Potentiale zu fördern. Die Vielfalt der Kinder wird beachtet, respektiert und geschätzt. Die *soziale Begründung* zielt auf eine Einstellungsänderung aller Beteiligten ab. Durch den täglichen Umgang mit individuellen Unterschieden werden diese normalisiert und stehen nicht mehr im Fokus des Geschehens, was zu einem diskriminierungsfreien und gerechten Umgang miteinander führt. Die *ökonomische Begründung* erklärt, dass die Kosten für ein gemeinsames Schulsystem weniger hoch sind, als jene eines ausdifferenzierten Schulsystems mit mannigfaltigen Spezialisierungen (vgl. UNESCO, 2010, S. 9). Welche der Ziele bis 2015 erreicht wurden und an welchen noch gearbeitet werden muss, kann im *Weltbericht Bildung für Alle 2015* nachgelesen werden.

Die Entwicklungen des internationalen Diskurses beeinflussen die ganze Welt und somit ebenfalls das Bildungssystem in Deutschland. Das deutsche Bildungssystem ging jedoch seinen eigenen Weg. Dieser wird im nächsten Abschnitt erläutert.

3.2 Politische Entwicklungen in Deutschland

Das deutsche Schulsystem ist durch eine Differenziertheit gekennzeichnet, die wenige andere Länder aufweisen. Allerdings wurden auch in Deutschland seit den 70er Jahren Empfehlungen formuliert und Versuche unternommen, die Separation von Kindern ohne Behinderung und Kindern mit Behinderung aufzuheben (vgl. König et al., 2015, S. 5). 1973 wurden die *Empfehlungen zur pädagogischen Förderung behinderter und von Behinderung bedrohter Kinder und Jugendlicher* verabschiedet. Diesen Empfehlungen lagen die Gedanken zugrunde, dass eine gemeinsame Beschulung unter entsprechend angepassten Rahmenbedingungen möglich sei, dass die Beschulung in der Regelschule dem Besuch der Sonderschule vorzuziehen sein und dass die Strukturen der Regelschule so umgestaltet werden müssen, dass sie eine gemeinsame Unterrichtung möglich machen würden (vgl. Speck, 2011, S. 17). Zwei Jahre später, 1975, wurden die integrativen Tendenzen ausgeweitet und die Bildungskommission empfahl, dass

> [f]ür die pädagogische Förderung behinderter und von Behinderung bedrohter Kinder und Jugendlicher […] ein flexibles System von Fördermaßnahmen, das einer Aussonderungstendenz der allgemeinen Schule begegnet, gemeinsam soziale Lernprozesse Behinderter und Nichtbehinderter ermöglicht und den individuellen Möglichkeiten und Bedürfnissen behinderter Kinder und Jugendlicher entgegenkommt (Amrhein, 2011, S. 9, zitiert nach Deutscher Bildungsrat, 1975, S. 23f.).

Wichtig für die Bildungskommission war, dass die Schulen die Kinder flexibel fördern und die nötigen Maßnahmen ergreifen, um diese Förderung zu erreichen. Des Weiteren sollten soziale Lernprozesse angestoßen werden, von denen alle Kinder profitieren. Im Zuge dieser Empfehlungen folgten an einigen Schulen Versuche, das integrative Modell umzusetzen, jedoch konnte es sich nicht flächendeckend etablieren. Die *Empfehlungen zur sonderpädagogischen Förderung in den Schulen der Bundesrepublik Deutschland* wurden 1994 von der Kultusministerkonferenz (KMK) beschlossen, doch auch sie forderte keine *grundsätzliche* gemeinsame Beschulung, sondern sah die gemeinsame Unterrichtung lediglich als Möglichkeit an (vgl. Reuker, Rischke, Kämpfe, Schmitz, Teubert, Thissen & Wiethäuper, 2016, S. 89). Nachdem Deutschland im Jahre 2009 die UN-BRK ratifiziert hat, folgte drei Jahre später der Beschluss der KMK für *Inklusive Bildung von Kindern und Jugendlichen mit Behinderung in Schulen*. Der Begriff der Inklusion war schlussendlich auch im deutschen Bildungssystem angekommen, wurde zugleich aber wieder verengt, denn im Beschluss von 2011 wird unter „inklusiver Bildung […] das gemeinsame Lernen und die gemeinsame Erziehung von Kindern und Jugendlichen mit und ohne Behinderungen" (KMK, 2011, S. 7) verstanden. Zusätzlich zu den Beschlüssen der KMK wurde 2011 der *Nationale Aktionsplan der Bundesregierung zur Umsetzung der UN-Behindertenrechtskonvention* verabschiedet. Der Aktionsplan verdeutlicht, dass Inklusion für die Bundesregierung von entscheidender Bedeutung ist und in allen Bereichen des Lebens gefördert werden soll. Es wird betont, dass gesellschaftliche Inklusion ein Prozess ist, der *alle* benötigt.

> Die Umsetzung der UN-Behindertenrechtskonvention ist […] ein weiterer Schritt Deutschlands auf dem Weg zu einer inklusiven Gesellschaft, die geprägt ist von der unabdingbaren Anerkennung der Menschenwürde jeder oder jedes Einzelnen.

> Inklusion bedeutet für die Bundesregierung, dass Menschen mit und ohne Behinderungen von Anfang an gemeinsam in allen Lebensbereichen selbstbestimmt leben und zusammenleben. Inklusion ist ein permanenter Prozess, den wir gemeinsam gestalten müssen. Sie geschieht nicht von selbst und nicht einseitig, weder durch die Bundesregierung noch durch die Menschen mit Behinderungen. Sie fordert alle. Sie muss von der Gemeinschaft geleistet und gelebt werden (Bundesministerium für Arbeit und Soziales, 2011, S. 24).

Ganz im Sinne der Inklusion ist dieser Aktionsplan sowohl in leichter Sprache, also auch in Gebärdensprache verfügbar.

Die UN-BRK und die Beschlüsse der KMK stellen das gegliederte deutsche Schulsystem in Frage, welches sich durch eine hohe Selektion und Spezifizierung auszeichnet (vgl. Blum & Diegelmann, 2014, S. 1). Das Ziel der Bundesländer ist es, bis zum Jahre 2020 eine Inklusionsquote von 80% in ihren Schulen zu erreichen (vgl. Degener & Diehl, 2015, S.136). „Dazu gehören der Einsatz aller angemessenen Vorkehrungen, die barrierefreie Gestaltung der Angebote selbst sowie qualitativ hochwertige individuelle Förderung unter habilitativen und rehabilitativen Aspekten. [Jedoch] ist das deutsche Bildungssystem weit [davon] entfernt" (2013, S. 41), wie dem Bericht der BRK-Allianz entnommen werden kann.

3.3 Exkurs: Elternwahlrecht und Abschaffung Förderschulen

Das Elternwahlrecht und die mögliche Abschaffung der Förderschulen sind zwei kontrovers diskutierte Themen im Diskurs der Inklusion. Der folgende Abschnitt soll helfen zu verstehen, was darunter verstanden werden kann und was durch die UN-BRK tatsächlich gefordert wird.

Gemäß Artikel 26 Abs. 3 der Menschenrechtskonvention und der Schulgesetze vieler deutscher Bundesländer ist ein Mitspracherecht der Eltern bei der Wahl der Schule für ihre Kinder vorgesehen. Vertretend für viele andere hier das Schulgesetz der Rheinland-Pfalz:

> **Schulgesetz (SchulG)**
> **Vom 30. März 2004**
> **§ 3 Schülerinnen und Schüler**
> [...] **(5)** Alle Schülerinnen und Schüler sollen das schulische Bildungs- und Erziehungsangebot grundsätzlich selbstständig, barrierefrei im Sinne des § 2 Abs. 3 des Landesgesetzes zur Gleichstellung behinderter Menschen und gemeinsam nutzen können. Die Entscheidung, ob der Schulbesuch an einer Förderschule oder im inklusiven Unterricht erfolgen soll, treffen die Eltern; [...]. Bei der Gestaltung des Unterrichts und bei Leistungsfeststellungen sind die besonderen Belange von Schülerinnen und Schülern mit Behinderungen zu berücksichtigen und ist ihnen der zum Ausgleich ihrer Behinderung erforderliche Nachteilsausgleich zu gewähren (Ministerium der Justiz Rheinland-Pfalz, 2004, o.S.).

Ein solches Gesetz ist in vielen Bundesländern vorhanden und gibt den Eltern die Möglichkeit, die Schullaufbahn ihrer Kinder zu beeinflussen und zu lenken. Im Diskurs der Inklusion stellt sich allerdings an vielen Orten „die Frage nach der Vereinbarkeit des sogenannten Elternwahlrechts mit der UN-BRK" (König et al., 2015, S. 19). Diese fordert, dass alle Schülerinnen und Schüler, mit und ohne Beeinträchtigung, gemeinsam eine Schule besuchen und nicht durch irgendwelche Barrieren daran gehindert werden. Es gibt dennoch Eltern, die befürchten, dass ihre Kinder in der Regelschule nicht die nötige Aufmerksamkeit bekommen, die sie benötigen oder dass die Lehrkräfte mit der speziellen Beeinträchtigung ihres Kindes überfordert seien. Diese Eltern präferieren einen Verbleib ihrer Kinder in der Förderschule, da sie dort auf eine adäquate Betreuung ihrer Kinder vertrauen können (vgl. Clemenz, 2012, S. 46). In diesem Zusammenhang ist die Ideologie des *Schonraumes* der Förderschulen weit verbreitet. „Die Sonderschule sei ein Wohlfühlraum der Nächstenliebe, der die behinderten Heranwachsenden vor der harten Welt da draußen schütze" (Jürgens & Miller, 2013, S. 173). Die Befürchtungen der Eltern und ebenso der Förderschullehrkräfte, die um ihre Arbeitsplätze bangen, können erst einmal dadurch abgemildert werden, dass eine vollständige Abschaffung der Förderschulen weder 1994 in Salamanca noch 2006 in der UN-BRK gefordert wurden. Die Erklärung von Salamanca betont sogar die wichtige Bedeutung der Förderschulen (vgl. Speck, 2011, S. 87) und zeigt auf, dass eine individuelle Bewertung einer jeden Situation wichtig ist:

> The situation regarding special needs education varies enormously from one country to another. There are, for example, countries that have well established systems of special schools for those with specific impairments. Such special schools can represent a valuable resource for the development of inclusive schools. The staff of these special institutions possess the expertise needed for early screening and identification of children with disabilities. Special schools can

> also serve as training and resource centres for staff in regular schools. Finally, special schools or units within inclusive schools - may continue to provide the most suitable education for the relatively small number of children with disabilities who cannot be adequately served in regular class rooms or schools (UNESCO, 1994, S. 12).

Betont wird, dass die vorhandenen Strukturen durch die gewünschte inklusive Bildung nicht hinfällig werden, sondern benutzt werden sollen. Die Schulen und ihre Lehrkräfte sollen als Ressourcen und Experten für den Prozess zu einem inklusiven Schulsystem anerkannt und wertgeschätzt werden. Es wird ebenfalls betont, dass es auch weiterhin Schülerinnen und Schüler gibt, die in einer speziellen Förderschule besser aufgehoben sind, jedoch nur zu einer kleinen Anzahl und im Sinne von gerechtfertigten Ausnahmen (vgl. Speck, 2011, S. 87). „Die [UN-BRK] schreibt also *keine Zwangsaufnahme* aller behinderten Kinder in allgemeine Schulen vor, sondern sichert dem Kinde bzw. seinen Eltern *ein Recht* auf Zugang zum allgemeinen Schulsystem, wenn sie eine solche Aufnahme wünschen" (Speck, 2011, S. 90; Hervorhebungen durch Autor).

Die Debatte um das Elternwahlrecht führt zu zwei möglichen Positionen. Die erste Position verneint das Recht der Eltern, die Schule für ihr Kind frei wählen zu können und ist für eine Abschaffung der Förderschulen. Diese Position betont, dass die Platzierung in einer speziellen Förderschule immer einer sozialen Exklusion der betroffenen Schülerinnen und Schüler gleichkommt. Denn obwohl in der UN-BRK die Abschaffung dieser Schulen nicht explizit gefordert wird, stellt eine Separation aus dem regulären Schulalltag eine systematische Ausgrenzung der Kinder mit sonderpädagogischem Förderbedarf dar und kann somit als Vertragsverletzung betrachtet werden (vgl. Heubach, 2013, S. 49; Degener, 2009, S. 216-217). Diese Sicht vertritt ebenfalls das Deutsche Institut für Menschenrechte, welches klar die Meinung vertritt, dass das Elternwahlrecht nicht „mit dem Gebot der progressiven Verwirklichung des Rechts auf inklusive Bildung [...] in Einklang zu bringen" (Deutsches Institut für Menschenrechte, 2011, S. 14) sei. Verstärkt wird diese Position durch negative Befunde bezüglich der Chancengerechtigkeit von Kindern in Förderschulen. Eckart, Haeberlin, Lozano und Blanc kommen in ihrer Studie zu dem Schluss, dass „[m]it der Einweisung von sozial benachteiligten Kindern und Jugendlichen in Sonderklassen [...] Chancengerechtigkeit verhindert [wird] […]. Die Abschaffung der Sonderklassen für Lernbehinderte ist unumgänglich" (2011, S. 112).

Die zweite Position vertritt ein „moderates Inklusionsverständnis" (Ahrbeck, 2014, S. 5) und steht hinter dem Elternwahlrecht. Sie erkennt die UN-BRK und ihren Sinn an, betont aber, dass Inklusion nicht um jeden Preis durchgesetzt werden darf; „nicht unter allen Umständen und schon gar nicht auf Kosten der jeweils betroffenen Kinder" (Ahrbeck, 2014, S. 7). Dies geht einher mit der Erklärung von Salamanca, die festhält, dass es einzelne Kinder gibt, die in einem sonderpädagogischem Fördersetting besser aufgehoben wären. Hervorgehoben wird, dass Unterschiede real vorhanden sind und nicht einfach ignoriert werden können. Ob eine Inklusion sinnvoll und möglich ist, muss demnach in jeder Situation individuell bewertet werden. Speck geht sogar so weit, dass er von einer „Pervertierung des Inklusionsprinzips" (2011, S. 65) redet, wenn den Menschen keine Wahlfreiheit mehr gelassen werden würde und alle in das Einheitskostüm der Regelschule passen müssten, nur weil der Besuch bestimmter Institutionen mit einer Exklusion gleichgesetzt wird (vgl. Speck, 2011, S. 65-66). Vertreter dieser Position nehmen an, dass es

> ein Eingriff in die Freiheit und Selbstbestimmung des Einzelnen [wäre], wenn die Allgemeinheit sich das Recht anmaßte, Ausmaß und Art von ´Inklusion' für den Einzelnen zu bestimmten, z.B. im Extremfall sein persönliches Bedürfnis nach einem Leben in einer ökologischen Nische zu ignorieren oder zu kritisieren, und vorgeben würde, in welche Gruppe oder welche Art gemeinsamen Lebens der Einzelne einzubinden sei (Speck, 2011, S. 65).

Entscheidend für beide Positionen ist, dass das Wohl und der Wille des Kindes im Vordergrund stehen und gewahrt werden müssen. Verständlich ist, dass jede der beteiligten Parteien, seien dies die Konventionen und Erklärungen, die Lehrkräfte oder die Eltern, eine andere Sichtweise und einen anderen Standpunkt vertritt. Im Zentrum der Diskussion muss immer die Frage stehen: „Was gereicht dem individuellen Kind in seiner Situation mehr zu seinem Wohl: das Gefühl dazuzugehören oder eine adäquate spezielle Unterstützung?" (Blömer et al., 2015, S. 20). Entscheidend sollte sein, „was das einzelne Kind in Unterrichtung und Erziehung für eine möglichst optimale Entwicklung benötigt. Der institutionelle Ort ist dem dann nachzuordnen" (Ahrbeck, 2014, S. 15).

Das Elternwahlrecht sowie die Sonderschulen sind Bestand des aktuellen Bildungssystems und müssen daher bei allen Entscheidungen miteinbezogen werden. Wichtig ist, dass adäquate Lösungen mit allen beteiligten Akteuren besprochen und diskutiert werden, so dass es nicht zu kompromisslosen Alles-oder-Nichts-Entscheidungen kommt, sondern dass die Möglichkeiten eines jeden Kinders ausgelotet werden und die optimale Förderung gefunden wird (vgl. Speck, 2011, S. 111). „Dies bedeutet, dass Inklusion immer auch Optionen beinhalten muss, gegebene Möglichkeiten (freiwillig) nicht zu nutzen" (Degener & Diehl, 2015, S. 49). Die Einbeziehung der Eltern ist dabei von äußerster Wichtigkeit, da sie „zunehmend als Expertinnen und Experten für die eigenen Kinder betrachtet" (Hensen et al., 2014, S. 117) werden.

Die dargestellten internationalen sowie nationalen Entwicklungen haben das heutige deutsche Schulsystem geformt und begleiten es weiter auf einem Weg hin zu mehr Inklusion. Damit jedoch Klarheit darüber entsteht, welche Bedeutungen diese Entwicklungen für Deutschland und sein aktuelles Bildungssystem haben, zeigt das folgende Kapitel einem historischen Abriss zur deutschen Schulgeschichte.

4 Die Entwicklung des deutschen Schulsystems

Die folgenden Abschnitte widmen sich den geschichtlichen Hintergründen des deutschen Schulsystems. Es soll dargestellt werden, wie Deutschland zu einem solch ausdifferenzierten System kam, in dem sich die Förderschulen zu einem eigenen Zweig etabliert haben. Für die Gegenwart sollen die wichtigsten Fakten für die verschiedenen Bundesländer dargelegt werden, die eine sehr unterschiedliche Auffassung und Umsetzung von Inklusion haben. Ein kurzer Exkurs geht auf die Geschichte des Behindertensports ein, die eng verwoben ist mit jener der Schulsysteme.

4.1 Auf dem Weg zur Förderschule

Die Gesellschaft zur Zeit des 18. Jahrhunderts war geprägt von Großfamilien, in denen sich jeder um jeden kümmerte und jeder seinen Fähigkeiten entsprechend etwas beitrug. Niemand wurde ausgeschlossen und alle hatten am Leben in der Familie und der Gemeinschaft teil. Zu dieser Zeit war es normal, dass man sich um kranke oder behinderte Familienmitglieder kümmerte, niemand dachte daran diese abzuschieben. Die Stärkeren halfen den Schwächeren und die Schwächeren trugen zur Gesellschaft das bei, was ihnen möglich war. In der Mitte des 18. Jahrhunderts kam es zur Industrialisierung und die Großfamilien wurden immer weiter verdrängt. Die Kleinfamilie wurde zum neuen Gesellschaftsmodell. Gearbeitet wurde nicht mehr in den Familien, sondern in Fabriken, welche keinen Platz für Menschen mit Behinderung hatten. Doch nicht nur die Fabriken hatten keinen Platz, ebenso für die Familien wurden diese Menschen immer mehr zur Last. Ihre vorherigen Betätigungsmöglichkeiten waren nicht mehr vorhanden und da immer mehr Frauen arbeiten gingen, war auch niemand mehr zu Hause, der sich um die Familienmitglieder mit Behinderung kümmern konnte. Dies war die Zeit, in der viele Institutionen wie „Krüppelheime, Zuchthäuser, Gefängnisse, Irrenanstalten, Waisenhäuser, Kindertagesstätten, Pflegeanstalten und Seniorenheime" (Heubach, 2013, S. 29) entstanden, welche die betroffenen Menschen aufnahmen. Kümmerte sich zu Beginn des Jahrhunderts das Pflegepersonal noch aufopferungsvoll um die ihnen anvertrauten Menschen, so sah die Praxis gegen Ende des Jahrhunderts erschreckend anders aus. Die Industrialisierung bestimmte die Arbeit in den Institutionen und Menschen mit Behinderung wurden nun als defizitär betrachtet; das medizinische Modell von Behinderung hatte überhandgenommen. Dies ging sogar soweit, dass man 1890 zu wissen glaubte, dass Geisteskrankheiten vererbbar seien. In der Folge wurden die Patienten geschlechtergetrennt gehalten und in vielen Fällen sogar sterilisiert. Die Situation verschlimmerte sich zunehmend, Menschen mit Behinderung wurden immer weiter aus der Gesellschaft gedrängt. Während des Ersten Weltkrieges wurden ungefähr 70'000 Menschen mit geistiger Behinderung in den verschiedenen Institutionen getötet und um 1920 war man allgemein der Ansicht, dass Menschen mit Behinderung "Untermenschen" seien, deren Leben es nicht wert sei, gelebt zu werden (vgl. Heubach, 2013, S. 28-30). Es herrschte der Glaube vor, dass eine solche Tötung ein Akt der Gnade sei und sie wurde mit folgendem Gedankengang gerechtfertigt:

> Wenn ich als mündiger Bürger dieses Recht [auf einen selbstbestimmten Tod] etwa bei Krebs für mich beanspruche, dann müssen diejenigen, die nicht für sich sprechen können, also geistig Behinderte, psychisch Kranke, Altersverwirrte und Bewußtlose, vom Staat dieselbe Gnade zugesprochen bekommen, da sie sicher noch mehr als ich unter ihrer hoffnungslosen und qualvollen Existenz leiden (Dörner, 1994, S. 380).

In jenem Jahr wurde ebenfalls Alfred Hoches und Karl Bindings Schrift *Zur Freigabe der Vernichtung lebensunwerten Lebens* herausgegeben, welche die Praxis jener Zeit und später jene des Nationalsozialismus rechtfertigen sollte (vgl. Dörner, 1994, S. 379).

Die Schule zur damaligen Zeit sah eine ähnliche Praxis vor. Noch im 19. Jahrhundert wurden Kinder, die eine Behinderung aufwiesen, aus der Schule ausgeschlossen. Erst nach und nach entstanden Schulen, aber auch Anstalten, für Schülerinnen und Schüler mit Behinderung, damals noch als „gehörlose, blinde und ´verkrüppelte´ Schüler" (Siedenbiedel & Theurer, 2015a, S. 16) bezeichnet. Der Jahrhundertwechsel brachte Hilfsschulen für Kinder mit verschiedenen Behinderungen, gefolgt von den ersten Sonderschulen während der Weimarer Republik hervor (vgl. Siedenbiedel & Theurer, 2015a, S. 16). Während dieser Zeit wurde auch die erste allgemeine Schulpflicht beschlossen. Seit 1919 ist es für Kinder Pflicht, eine Schule zu besuchen. Dies galt jedoch nur für alle als "normal" angesehenen Kinder. Obwohl es bereits diverse Hilfsschulen gab, war ein Besuch dieser Schulen nur jenen Kindern gestattet und für jene vorgesehen, die mit Lernproblemen zu kämpfen hatten, blind oder taubstumm waren. Bereits zu diesem Zeitpunkt wurde der Grundstein für das selektive und gegliederte Schulsystem der deutschen Bundesrepublik geschaffen. Im Grundschulgesetz von 1920 wurde eine Trennung von Grundschule und Hilfsschulen beschlossen. In diesem Gesetz wurde festgeschrieben, dass alle Kinder das Recht auf einen Schulbesuch haben, dass jedoch jene mit Lernproblemen oder Behinderungen, die den Körper oder die Sinne betreffen, davon ausgeschlossen werden. Erstaunlich ist, dass der Wunsch nach dieser expliziten Trennung von den Lehrkräften der Hilfsschulen ausging, die bemüht waren, ihr eigenes Schulsystem auszubauen und auszudifferenzieren. Das Reichsschulpflichtgesetz verhärtete diese Trennung und die Sonderschule entwickelte sich als eigener Zweig im deutschen Schulsystem (vgl. Hensen et al., 2014, S. 103).

Es folgten die düsteren Jahre des Nationalsozialismus. Viele Kinder und Menschen mit Behinderung wurden Opfer der Massenmorde und Zwangssterilisierungen des Euthanasieprogrammes. Die wenigen, die überlebten, fristeten ihr Dasein in den etablierten, jedoch nun stark heruntergekommenen Hilfsschulen, deren Ziel es war, die Kinder mit Behinderung von den "normalen" Kindern fernzuhalten (vgl. Hensen et al., 2014, S. 103-104; Siedenbiedel & Theurer, 2015a, S. 16).

Nach Ende des Krieges wurde das Schulsystem der Weimarer Republik wieder aufgenommen und weitergeführt. Es entstand ein noch ausgereifteres Sonderschulwesen, das zeitweise zwölf unterschiedliche Schwerpunkte der Förderung aufwies (vgl. Hensen et al., 2014, S. 104). In jene Schulen wurden alle Schülerinnen und Schüler aufgenommen, die „nicht den gesellschaftlichen Vorstellungen von Bildungsfähigkeit und Normalität ent[sprachen]" (Blanck, Edelstein, Powell, 2012, S. 17). 1958 wurde der Verein *Lebenshilfe für das geistig behinderte Kind e.V.* (heute: *Lebenshilfe e.V.*) gegründet, der aktiv für eine Verbesserung der Lebensumstände von Menschen und speziell Kindern mit Behinderung eintrat. Das Ziel des Vereins war und ist es, dass für Menschen mit Behinderung lebenswürdigere Umstände geschaffen werden, beispielsweise durch das Einrichten von adäquaten Wohnräumen oder auch Behindertenwerkstätten (vgl. Heubach, 2013, S. 31). 1960 wurde in der Bundesrepublik beschlossen, dass auch Kinder mit geistiger und körperlicher Behinderung ein Recht auf einen Schulbesuch haben und dass die entsprechenden Sonderschulen dafür geschaffen werden müssen. Auf Bestreben der Eltern wurde die Schulpflicht für geistig behinderte Kinder eingeführt. Doch wie bereits in der Weimarer Republik wurde das Sonderschulwesen als eigenständiger Zweig angesehen, was auch in näherer Zukunft so bleiben sollte (vgl. Speck, 2011, S. 10; Jürgens & Miller, 2013, S. 172). In den 1970er Jahren wurden in Deutschland die verschiedenen Empfehlungen zum integrativen Unterricht verabschiedet, die bereits oben beschrieben wurden. Der erste Integrationsversuch fand 1976 an der Fläming-Grundschule in Berlin statt (vgl. Trumpa, Janz, Heyl & Seifried, 2014, S. 243). 1986 gab es deutschlandweit insgesamt 50 Klassen mit integrativer Beschulung, die sich um 897 Schülerinnen und Schüler kümmerten. Von diesen Kindern wurde bei 166 ein sonderpädagogischer Förderbedarf diagnostiziert (vgl. Degener & Diehl, 2015, S. 133). Die meisten Versuche jener Zeit kamen zu dem Ergebnis, dass die gemeinsame Beschulung von Kindern ohne Behinderung und Kindern mit Behinderung möglich sei, wenn, wie in den Empfehlungen von 1973 beschrieben, die nötigen Rahmenbedingungen geschaffen werden (vgl. Speck, 2011, S. 31).

Trotz der Bemühungen der darauffolgenden Jahre (s.o.) besteht in Deutschland seit den 90er Jahren des 20. Jahrhunderts ein sehr stabiles Sonderschulwesen mit den Förderschwerpunkten:

- Sehen
- Hören
- Körperliche und motorische Entwicklung
- Kranke

- Geistige Entwicklung
- Sprache
- Lernen
- Emotionale und soziale Entwicklung

- Kinder mit autistischem Verhalten (vgl. Hensen et al., 2014, S. 104; KMK, 2011, S. 23).

Seit 2009 hat sich die deutsche Bundesrepublik verpflichtet, den Bedingungen der UN-BRK Folge zu leisten. Doch wie sieht die Realität in Deutschland und den einzelnen Bundesländer aus? Nach einem kurzen Exkurs zur Geschichte des Behindertensportes werden die wichtigsten Fakten des deutschen Bildungssystems betrachtet.

4.2 Exkurs: Der Behindertensport

Die Organisation des Behindertensportes ist eng mit der Geschichte der Weltkriege verknüpft und soll daher bereits an dieser Stelle ihren Platz finden.

Sport wurde im 19. Jahrhundert unter einer sehr funktionellen Sichtweise betrachtet. Die verschiedenen Institutionen organisierten Sportmöglichkeiten für Kinder und Jugendliche, vor allem für solche mit Hör-, Seh-, oder physischen Beeinträchtigungen. Ziel war es, dass Kinder und Jugendlichen zum einen gebildet wurden und möglicherweise später als Arbeitskraft nützlich sein konnten, zum anderen sollten sie Ausdauer und Selbstständigkeit sowie Regeln und Disziplin lernen. In dieser Zeit entstanden ebenfalls die ersten Sportgruppen für Erwachsene mit Behinderung. Während und nach dem Ersten Weltkrieg vermehrten sich die sportlichen Angebote für Menschen mit Behinderung. Viele Soldaten wurden in den Kämpfen verletzt und kehrten mit irreversiblen körperlichen und psychischen Beeinträchtigungen zurück. Sport wurde damals als ergänzende Therapiemethode für psychologische Beeinträchtigungen eingesetzt. Nach dem Ersten Weltkrieg entstanden Sportgruppen, deren Ziel es war, den Menschen die Freude am Sport näherzubringen, ihnen einen Treffpunkt in der Gesellschaft zu bieten und ihre eigene Leistungsfähigkeit auszubilden bzw. zu erhalten. Dies jedoch mit einem ähnlichen Hintergrund wie bereits bei den Sportgruppen der Kinder und Jugendlichen vor dem Krieg. Bei Menschen mit Behinderung sollte die Fähigkeit zu arbeiten wiederhergestellt und dann erhalten werden (vgl. Heubach, 2013, S. 34).

Der Nationalsozialismus unterteilte die Menschen mit Behinderung in zwei Kategorien: Solche, die einen Wert für die Gesellschaft hatten und solche, die als wertlos angesehen wurden. Letztere wurden Opfer des Euthanasieprogramms, während erstere speziell gefördert wurden. Dies galt sowohl für Kinder und Jugendliche, als auch für Erwachsene. Sie wurden in Organisationen wie die Hitlerjugend oder den Bund deutscher Mädel aufgenommen und sportlich gefördert. Ein ganz anderes Vorgehen wurde bei den verletzten Soldaten angewandt. Diese waren hochangesehene Mitglieder der Gesellschaft, die ähnlich wie im Ersten Weltkrieg, Sport als Rehabilitations- und Therapiemethode verschrieben bekamen. Zum Ausdruck der Anerkennung wurden Leistungssportwettkämpfe und das Reichsversehrtensportabzeichen eingeführt. Die Kriegsversehrten des Zweiten Weltkriegs gründeten daraufhin ihre eigenen Sportgruppen und fünf Jahre nach Ende des Krieges fanden in den Disziplinen Schwimmen und Leichtathletik „die ersten deutschen Versehrtensportmeisterschaften" (Heubach, 2013, S. 35) statt. Im Folgenden wurde die *Arbeitsgemeinschaft Deutscher Versehrtensport* (ADV) gegründet, einige Jahre später zu *Deutscher Versehrtensportbund* umbenannt, daraufhin zu *Deutscher Versehrtensportverband e.V.* und 1975 wurde schließlich der heutige Name *Deutscher Behindertensportverband* (DBS) etabliert. Die Änderungen des Namens erfolgten aufgrund der laufenden Veränderung des Klientels. Zu Beginn waren hauptsächlich Kriegsversehrte in den Gruppen und Vereinen zu finden. Nach und nach wurden diese weniger und die Anzahl der Menschen mit Behinderung, welche nicht dem Krieg geschuldet waren, nahm Überhand (vgl. Heubach, 2013, S. 34-35).

Betrachtet man das heutige Angebot des DBS, lässt sich erkennen, dass für jeden etwas dabei ist. Menschen mit Behinderung können sich im gediegenen Freizeitsport betätigen, sie können an vielfältigen Rehabilitations- und Präventionssportarten teilhaben und haben ebenso die Möglichkeit sich auf höchstem Niveau, beispielsweise bei den Paralympics, mit anderen im Wettkampf- und Leistungssport zu messen. Anzumerken bleibt die bis heute offensichtliche Trennung von Menschen ohne Behinderung und Menschen mit Behinderung. Sport wird fast ohne Ausnahme in der jeweiligen Gruppe vollzogen und obwohl es mittlerweile Anstrengungen gibt, diese Praxis zu überwinden (siehe Best Practice Beispiele am Ende des Buchs), ist es noch ein langer Weg bis zu einem gleichberechtigten, inklusiven neben- und miteinander (vgl. Heubach, 2013, S. 35-36). Inklusion muss von den Menschen selbst ausgehen und beginnt in ihren Köpfen (vgl. Hensen et al., 2014, S. 275).

4.3 Fakten zum deutschen Bildungssystem

In diesem Abschnitt sollen die wichtigsten Fakten zum deutschen Bildungssystem dargestellt werden. Dabei geht es zu Beginn um die Ergebnisse aus der Integrationsforschung sowie um die wichtigsten Daten der inklusiven und sonderpädagogischen Förderung in Deutschland und den verschiedenen Bundesländern. Ebenfalls soll betrachtet werden, welche Kinder unter dem aktuellen System und somit unter ungleichen Bildungschancen am meisten leiden. Daraufhin werden die verschiedenen Abschlusschancen der Schülerinnen und Schüler gezeigt. Am Ende folgt ein Blick über den Zaun, der die Praxis anderer Länder beleuchtet.

4.3.1 Integrationsforschung

Da die Inklusion ein noch eher neues Feld ist, werden hier hauptsächlich die Ergebnisse der Integrationsforschung dargestellt, die jedoch auf den inklusiven Unterricht übertragen werden können.

Scheid und Friedrich fassen in ihrem Artikel die Ergebnisse der deutschen Integrationsforschung zusammen. 25 Jahre Forschung konnten zeigen, dass der gemeinsame Unterricht von Kindern mit Behinderung oder Beeinträchtigung und Kinder ohne Beeinträchtigung effektiver ist, als der separierende Schulunterricht. Schülerinnen und Schüler, die eine sonderpädagogische Förderung im Bereich Lernen in der Regelschule erhielten, erzielten bessere Leistungsergebnisse, als Schülerinnen und Schüler, die keine Förderschule besuchten. Für alle anderen Schülerinnen und Schüler der Klasse konnten keine allgemeinen Aussagen getroffen werden. Verglichen mit nicht integrativen Klassen kann nur gesagt werden, dass die Schulleistungen teilweise besser wurden, auf jeden Fall aber nicht schlechter. Dies gilt sowohl für Grundschulklassen, als auch für Sekundarschulklassen. Sehr entscheidend in diesen Klassen sind die sozialen Prozesse, die angestoßen werden sollen. Für Integrationsklassen ließ sich feststellen, dass Kinder eine Behinderung im Sinne der UN-BRK betrachten: Als ein Merkmal, dass zu den betroffen Kindern gehört. Signifikant positive Auswirkungen hatte die Integration ebenfalls auf die Schulzufriedenheit und das Klassenklima. Betrachtet man die Lehrkräfte in diesen Klassen, so ist anzumerken, dass diese immer, oder zumindest partiell im Team arbeiten. Die Teamkompetenz ist daher von entscheidender Wichtigkeit. Gemeinsam für eine Klasse verantwortlich zu sein, erfordert auf der einen Seite einen höheren Arbeitsaufwand für die Lehrenden, auf der anderen Seite empfinden sie es auch als entlastend, die gesamte Verantwortung nicht mehr alleine tragen zu müssen. Dies zeigt sich in einer gesteigerten

Berufszufriedenheit bei den betroffenen Lehrkräften (vgl. König et al., 2015, S. 38-39).

Ähnliche Ergebnisse weist der Artikel von Werning auf, aus dem einige Studien hier dargestellt werden. Er stellt fest, dass viele internationale Studien beweisen konnten, dass Schülerinnen und Schüler mit sonderpädagogischem Förderbedarf an Regelschulen bessere Leistungen erzielen, als jene an Förderschulen. Des Weiteren listet er Studien von Wocken (2007) und Wocken und Gröhlich (2009) auf, die gezeigt haben, dass der Besuch einer Förderschule keinen positiven Einfluss auf die Entwicklung der Kinder hat. Schülerinnen und Schüler der 7. Klasse einer Förderschule mit dem Schwerpunkt Lernen erzielten bei einer Kompetenzüberprüfung niedrigere Ergebnisse als Schülerinnen und Schüler der 4. Klasse einer normalen Grundschule. Eine Studie aus der Schweiz von Sermier Dessemontet et al. konnte keine positiven, aber auch keine negativen Ergebnisse aufweisen. Betrachtet wurden Kinder, die unter einer geistigen Behinderung litten. Diese Kinder erzielten, bezogen auf ihre Lernfortschritte und Entwicklung, sowohl in den Förderschulen, als auch in den Regelschulen die gleichen Ergebnisse. Es konnten beispielsweise keine Unterschiede in den Bereichen der Selbstfürsorge, der Selbstständigkeit oder der sozialen Kompetenz festgestellt werden. Einzig bei der Sprache wiesen die Kinder in der Regelschule eine vorteilhaftere Entwicklung auf, was vermutlich auf die Lernumgebung zurückgeführt werden kann. Speziell im Bereich der Kommunikation wird angenommen, dass Regelklassen eine höhere Stimulation bieten und so zu den dargestellten Vorteilen führen. Eine Studie aus Norwegen (Myklebust, 2006) zeigte gegensätzliche Ergebnisse und geht einher mit den vorherigen Studien. Verglichen wurden dabei Schülerinnen und Schüler mit unterschiedlichen sonderpädagogischen Förderbedarfen in inklusiven Regelschulen und solche in separierenden Förderschulen. Die Studie konnte zeigen, dass die Schülerinnen und Schüler in den inklusiven Regelschulen deutlich bessere Ergebnisse erzielten, als ihre Peers in den Förderschulen. In den Förderschulen erreichten nicht mehr als 35% der Schülerinnen und Schüler das angestrebte Sekundarstufe II Kompetenzniveau. Demgegenüber stehen fast 60% der Schülerinnen und Schüler an der inklusiven Regelschule, die dieses

Kompetenzniveau erreichen konnten. Somit erreichten fast doppelt so viele Schülerinnen und Schüler mit sonderpädagogischem Förderdarf das erwartete und angestrebte Kompetenzniveau, was ein klares Zeichen für die inklusiven Regelschulen ist (vgl. Werning, 2014, S. 610-613). Die fortdauernden positiven Effekte einer gemeinsamen Beschulung konnte eine Studie von Haeberlin, Eckart, Lozano und Blanc zeigen. Schülerinnen und Schüler in diesen Klassen wiesen höhere Werte für das Selbstwertgefühl und das Fähigkeitsselbstkonzept auf und hatten einen größeren Freundeskreis (vgl. Jürgens & Miller, 2013, S. 181). Im Bezug zur Ausbildung kommen die Autoren zu dem Schluss, dass

> [j]unge Erwachsene, die ehemals eine Regelklasse besucht haben, [...] einen deutliche höheren Ausbildungszugang realisieren [können,] als junge Erwachsene aus Sonderklassen für Lernbehinderte. [...] Für junge Erwachsene, die ehemals eine Regelklasse besucht haben, steigt das Chancenverhältnis, einen höheren Ausbildungszugang zu realisieren gegenüber sonst vergleichbaren ehemaligen Sonderklassenschülerinnen und –schülern um den Faktor 2,5 an (Werning, 2014, S. 613, zitiert nach Haeberlin et al., 2011, S. 63 ff.).

Trotz der Annahme und Überzeugung, dass Kinder am besten in leistungshomogenen Gruppen lernen (vgl. Amrhein, 2011, S. 25) und somit Schülerinnen und Schüler mit sonderpädagogischem Förderbedarf in speziellen Förderschulen besser gefördert werden könnten, zeigen die oben angeführten Studien und die Realität ein anderes Bild. Preuss-Lausitz fasst die Ergebnisse der Forschung folgendermaßen zusammen:

- Für Kinder mit Förderbedarf ist gemeinsamer Unterricht in leistungsgemischten Klassen lerneffektiver als das Lernen in (behinderungs-)homogenen Lerngruppen. Die sozialen Kompetenzen steigen deutlich.
- Für (nichtbehinderte) Kinder ohne Förderbedarf sind die kognitiven Leistungen im gemeinsamen Unterricht gleich oder etwas besser; die sozialen Kompetenzen deutlich günstiger.
- Gemeinsamer Unterricht fördert das Klassenklima und baut Abwertungen und Vorurteile ab.
- Gemeinsamer Unterricht fördert soziale Beziehungen auch außerhalb des Unterrichts.
- Gemeinsamer Unterricht stärkt realistische Selbsteinschätzungen, Selbstsicherheit und Selbstverantwortung (Jürgens & Miller, 2013, S. 179).

Es steht fest, dass Schülerinnen und Schüler mit sonderpädagogischem Förderbedarf unter der aktuellen Praxis leiden. Sie werden „nachhaltig schlechter ausgebildet [...], weil ihnen die Anreize einer stimulierenden Lerngruppe und ein anregender fördernder Unterricht fehlen" (Reich, 2014, S. 18).

Wie die Situation im aktuellen Bildungssystem aussieht und welche Veränderungen bereits stattgefunden haben, verdeutlich nachfolgender Abschnitt.

4.3.2 Daten zur sonderpädagogischen und inklusiven Förderung in Deutschland und den Bundesländern

Da die Gestaltung der Bildung den einzelnen Bundesländern unterliegt[3], herrscht in Deutschland ein sehr diverses Bild vor, was die Implementierung der Inklusion bedingt. Speck beschreibt die Entwicklungen der Förderschulbesuchsquote von 1990 bis 2006. 1992 lag die Quote bei tiefen 3,6%. Die Quote erreichte ein solch tiefes Niveau, weil viele Schulen sich an den Integrationsversuchen beteiligten und Schülerinnen und Schüler mit sonderpädagogischem Förderbedarf an den Regelschulen aufnahmen. Doch obwohl die Bemühungen für integrativen Unterricht zunahmen, stieg die Förderschulbesuchsquote wieder, so dass sie 2006 bei 4,8% lag und in den Folgejahren beständig um diesen Wert schwankte. Die Entwicklungen bis zum Schuljahr 2012/13 können in Tabelle 2 nachvollzogen werden.

Tabelle 2: Sonderpädagogische Förderung in den Schuljahren 2002/03, 2007/08 und 2012/13 nach Förderort
(Kuhl et al., 2015, S. 82 zitiert nach Statistische Ämter des Bundes und der Länder, Schulstatistik; Sekretariat der KMK, Sonderpädagogische Förderung in Schulen)

Schuljahr	Schülerinnen und Schüler mit sonderpädagogischer Förderung						Anteil der Integrationsschüler an allen Schülern mit Förderbedarf
	Förderquote insgesamt		Davon				
			In Förderschulen		In allgemeinen Schulen (Integrationsschüler)		
	Anzahl	In %	Anzahl	In %	Anzahl	In %	
2002/03	495.244	5,5	429.440	4,8	65.804	0,7	13,3
2007/08	485.088	5,9	400.399	4,9	84.689	1,0	17,5
2012/13	493.200	6,6	355.139	4,8	138.061	1,8	28,0

---

[3] „[D]er Bund [hat] nach den Reformen der bundesstaatlichen Ordnung entsprechen der Föderalismusreform I vom 1. September 2006 alle Zuständigkeiten an die Bundesländer abgetreten. Es besteht ein Kooperationsverbot, d.h. der Bund hat keinerlei Einwirkchancen auf die Bildungs-, insbesondere die Schulgestaltung der Länder. Somit verfestigt sich das auf dieser Erde einzigartige deutsche Konstrukt der 16 unterschiedlichen Schul-Bildungs-Landschaften mit 16 aufwändigen und regelungsintensiven administrativen und insbesondere bildungspolitischen Apparaten [...]" (Reich, 2012, S. 205).

Beachtet werden sollte dabei, dass die absolute Anzahl der Schülerinnen und Schüler, die eine Förderschule besuchten, in den Jahren von 1998 bis 2006 von 409'855 auf 408'085 sank. Die Quote und somit der relative Wert erhöhten sich jedoch während dieser Zeitspanne. Mit einer Förderbesuchsschulquote von 4,8% übersteigt Deutschlands Quote die jedes anderen europäischen Landes (vgl. Speck, 2011, S. 32).

Ebenfalls wenig Positives lässt sich über die Integrationsquote berichten. Diese zeigt den Anteil der Schülerinnen und Schüler an, die mit einem sonderpädagogischen Förderbedarf diagnostiziert sind, jedoch eine Regelschule besuchen. Von 2003 bis 2006 wuchs die Quote nicht einmal um 3% von 12,8% auf 15,7% (vgl. Speck, 2011, S. 37). Verfolgt man die Quote jedoch weiter, so lässt sich ein deutlicher Anstieg bis zum Schuljahr 2012/13 erkennen.

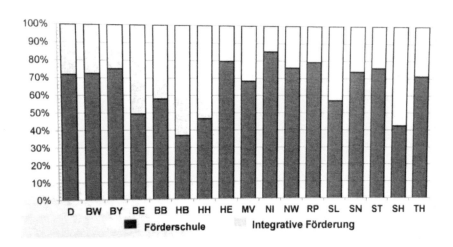

Abbildung 5: Anteile der förderschulischen Förderung und der integrativen sonderpädagogischen Förderung in den 16 Bundesländern (Anteil an 100%), alle Förderschwerpunkte (Schuljahr 2012/13) (Kuhl et al., 2015, S. 82 zitiert nach Statistische Ämter des Bundes und der Länder, Schulstatistik; Sekretariat der KMK, Sonderpädagogische Förderung in Schulen)

Die Abbildung zeigt, dass deutschlandweit ungefähr 28% der Schülerinnen und Schüler mit sonderpädagogischem Förderbedarf eine inklusive Regelschule besuchen (siehe ebenfalls Tabelle 3). Vergleicht man gleichzeitig die verschiedenen Bundesländer, können erhebliche Unterschiede erkannt werden. Während in Bremen ungefähr 63% der Schülerinnen und Schüler in inklusiven

Klassen unterrichtet werden, sind es in Niedersachsen nur circa 15%. Dabei darf nicht vergessen werden, dass jedes Bundesland andere Bestimmungen für sonderpädagogischen Förderbedarf hat und auch die Definitionen von Inklusion nicht deckungsgleich sind (Kuhl et al., 2015, S. 81-82)[4].

Betrachtet man in folgender Abbildung die Förderquote, also den Anteil aller Schülerinnen und Schüler, die eine sonderpädagogische Förderung benötigen, zeigt sich ein bedenklicher Anstieg. Waren 1992 noch 4,2% aller Schülerinnen und Schüler betroffen, so benötigten 2002 bereits 5,5% sonderpädagogische Förderung und zehn Jahre später 6,6%. Dies ist ein Trend, der nicht nur in Deutschland auftrat. „In fact, international educational statistics have shown that the number of students receiving special education services has been growing steadily in almost every Western society" (Wishart & Jahnukainen, 2010, S. 182).

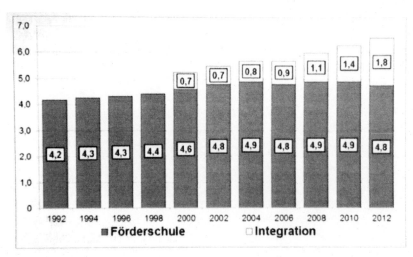

Abbildung 6: Sonderpädagogische Förderquote 1992 bis 2012 in Deutschland in % (Kuhl et al., 2015, S. 80 zitiert nach Statistische Ämter des Bundes und der Länder, Schulstatistik; Sekretariat der KMK, Sonderpädagogische Förderung in Schulen)

Verteilt auf die Förderschwerpunkte befindet sich der größte Anteil der Schülerinnen und Schüler im Bereich Lernen (40%), gefolgt von emotionaler und sozialer Entwicklung (14%) und Sprache (10%) (vgl. Kuhl et al., 2015, S. 80-81).

---

[4] Die Autoren des Artikels differenzieren nicht zwischen integrativer und inklusiver Förderung und verwenden die Begriffe deckungsgleich (vgl. Kuhl et al., 2015, S. 77).

Die größte Chance für eine inklusive Beschulung besteht zurzeit für Schülerinnen und Schüler mit einer Förderung im Bereich emotionale und soziale Entwicklung (46,6%), gefolgt von den Schülerinnen und Schülern, die Probleme im Bereich der Sprache (36,1%), des Hörens (35,2%), des Sehens (32,5%), des Lernens (30,5%) oder der körperlichen und motorischen Entwicklung (25,9%) haben. Schlusslicht bilden die Schülerinnen und Schüler mit geistiger Beeinträchtigung. Hier liegt die Quote bei lediglich 6,6% und ist mit Abstand am geringsten ausgeprägt (vgl. Kuhl et al., 2015, S. 83). Betrachtet man nachstehende Tabelle, so lassen sich diese Zahlen für Deutschland, als auch für die einzelnen Bundesländer nachvollziehen. Die bereits oben beschrieben Unterschiede zwischen den einzelnen Bundesländern treten hier noch einmal deutlich hervor.

Tabelle 3: Anteil der sonderpädagogischen Förderung an Förderschulen und sonstigen allgemeinbildenden Schulen 2012/13 nach Ländern und Förderschwerpunkten (in %)
(Autorengruppe Bildungsberichterstattung, 2014, Tab. H3-17web, zitiert nach Statistische Ämter des Bundes und der Länder, Schulstatistik 2012/13)

Land	Insgesamt		Darunter					
			Lernen		Sprache		Emotionale und soziale Entwicklung	
	Förder-schule	Sonstige Schule	Förder-schule	Sonstige Schule	Förder-schule	Sonstige Schule	Förder-schule	Sonstige Schule
	in %							
D	72,4	27,6	69,5	30,5	63,9	36,1	53,4	46,6
BW	72,5	27,5	65,0	35,0	74,2	25,8	61,7	38,3
BY	75,2	24,8	51,1	48,9	56,0	44,0	46,4	53,6
BE	49,4	50,6	50,2	49,8	42,4	57,6	9,1	90,9
BB	58,0	42,0	71,2	28,8	24,8	75,2	14,2	85,8
HB	36,9	63,1	22,6	77,4	0,0	100,0	20,7	79,3
HH	46,6	53,4	44,8	55,2	51,9	48,1	11,7	88,3
HE	79,7	20,3	81,1	18,9	72,8	27,2	46,9	53,1
MV	68,3	31,7	88,5	11,5	59,8	40,2	15,2	84,8
NI	85,3	14,7	87,5	12,5	96,0	4,0	77,5	22,5
NW	76,1	23,9	71,9	28,1	71,0	29,0	68,0	32,0
RP	79,3	20,7	71,6	28,4	81,5	18,5	90,6	9,4
SL	57,1	42,9	60,5	39,5	23,8	76,2	14,4	85,6
SN	73,8	26,2	96,8	3,2	39,0	61,0	37,9	62,1
ST	75,9	24,1	81,7	18,3	39,8	60,2	47,6	52,4
SH	42,5	57,5	31,4	68,6	13,2	86,8	23,9	76,1
TH	71,3	28,7	80,9	19,1	55,6	44,4	44,0	56,0

Land	Geistige Entwicklung		Körperliche und motorische Entwicklung		Sehen		Hören	
	Förder-schule	Sonstige Schule	Förder-schule	Sonstige Schule	Förder-schule	Sonstige Schule	Förder-schule	Sonstige Schule
	in %							
D	93,4	6,6	74,1	25,9	67,5	32,5	64,8	35,2
BW	99,3	0,7	88,4	11,6	62,2	37,8	60,8	39,2
BY	96,2	3,8	82,0	18,0	78,1	21,9	70,2	29,8
BE	82,4	17,6	57,8	42,2	69,5	30,5	56,2	43,8
BB	91,0	9,0	23,3	76,7	40,0	60,0	43,0	57,0
HB	18,9	81,1	93,3	6,7	83,8	16,2	58,2	41,8
HH	66,8	33,2	52,2	47,8	74,0	26,0	63,8	36,2
HE	95,7	4,3	76,0	24,0	78,8	21,2	83,2	16,8
MV	98,2	1,8	75,7	24,3	62,2	37,8	45,2	54,8
NI	92,1	7,9	75,1	24,9	54,5	45,5	52,6	47,4
NW	94,8	5,2	78,0	22,0	76,0	24,0	76,0	24,0
RP	91,3	8,7	93,7	6,3	91,5	8,5	93,9	6,1
SL	92,2	7,8	59,1	40,9	53,5	46,5	39,1	60,9
SN	92,5	7,5	45,6	54,4	67,6	32,4	48,5	51,5
ST	98,9	1,1	79,7	20,3	67,2	32,8	65,2	34,8
SH	89,8	10,2	41,0	59,0	0,0	100,0	33,7	66,3
TH	93,6	6,4	53,6	46,4	45,0	55,0	48,4	51,6

Jedoch weisen nicht nur die einzelnen Bundesländer große Unterschiede bei der inklusiven Förderung auf, auch die verschiedenen Schulen verfolgen eigene Vorstellungen einer inklusiven Beschulung. Vergleicht man Kindertagesstätten, Grundschulen und Sekundarschulen, zeigt sich, dass erstere mehr als 66% der Kinder mit Beeinträchtigung zusammen mit den Kindern ohne Beeinträchtigung betreuen, zweite 44% der Schülerinnen und Schüler mit sonderpädagogischem Förderbedarf im gemeinsamen Unterricht beschulen und letztere nur 23% der Jugendlichen im inklusiven Unterricht fördern. Der Prozentsatz an Schülerinnen und Schüler mit sonderpädagogischem Förderbedarf korreliert daher negativ mit der jeweiligen Bildungsstufe. Obwohl die Menge an inklusiver Beschulung immer weiter fortschreiten sollte, lässt sich dieser Wechsel bei den Schulen selbst nicht erkennen. Die Zahl der Förderschulen ist in den letzten Jahren nur marginal zurückgegangen. Im Jahre 2002 gab es in Deutschland 3'487 Förderschulen. Bis zum Jahre 2012 verzeichneten diese Schulen einen Rückgang von lediglich 229 Schulen auf 3'258 Förderschulen (vgl. Autorengruppe Bildungsberichterstattung, 2014, S. 9 & 321). Die Aufteilung der Schulen auf die verschiedenen Schwerpunkte kann für das Schuljahr 2008/09 nebenstehender Tabelle entnommen werden.

Tabelle 4: Anzahl der Förderschultypen im Schuljahr 2008/09 (vgl. Autorengruppe Bildungsberichterstattung, 2014, S. 322)

Förderschultyp	Förderschulen insgesamt
Insgesamt	3'524
Lernen	1'413
Sehen	65
Sprache	289
Hören	84
Körperliche und motorische Entwicklung	191
Geistige Entwicklung	763
Emotionale und soziale Entwicklung	395
Schulen für Kranke	137
Förderschwerpunkt übergreifend	187

Zusammenfassend lässt sich sagen, dass die Bemühungen zu inklusiven Unterricht „in keinem Bundesland bisher ausreichend [sind,] um den Ansprüchen der Behindertenkonvention ganz gerecht zu werden" (Moser & Lütje-Klose, 2016, S. 30). Zwar ist der Anteil an Schülerinnen und Schüler mit Beeinträchtigung, die inklusiv beschult wurden, höher geworden, doch wurde der Anteil jener, die eine Förderschule besuchen nicht geringer und blieb konstant bei ungefähr 4,8% (vgl. Blum & Diegelmann, 2014, S. 4). Eine mögliche Begründung dafür könnte sein, dass immer mehr Kinder mit einem sonderpädagogischen Förderbedarf diagnostiziert werden und sich somit der Anteil dieser Schülerinnen und Schüler laufend erhöht. Ein weiterer Grund für mehr Schülerinnen und Schüler mit sonderpädagogischem Förderbedarf kann in der aktuellen Migration gefunden werden. Vielen Kindern aus Migrantenfamilien wird ein sonderpädagogischer Förderbedarf bescheinigt. Die Überrepräsentation bestimmter Gruppen im Förderbereich wird im nächsten Abschnitt besprochen.

4.3.3 Überrepräsentation bestimmter Gruppen in Förderschulen

Wie bereits aufgezeigt wurde, werden Kinder mit Behinderung oder Beeinträchtigung im deutschen Bildungssystem oft benachteiligt behandelt. Sie sind jedoch nicht die einzigen Kinder, welche in der Gruppe der Schülerinnen und Schüler mit sonderpädagogischem Förderbedarf zu finden sind. Es gibt auch noch einige weitere abgrenzbare Gruppen.

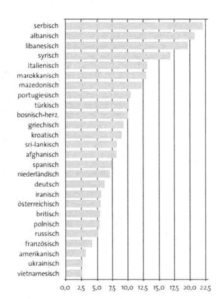

Abbildung 7: Förderschulbesuchsquote für deutsche und nichtdeutsche Schüler (der 25 häufigsten Staatsangehörigkeiten an Allgemeinen Schulen und Förderschulen) 2008/09 (Kemper & Weishaupt, 2011, S. 421)

Kinder mit Migrationshintergrund haben einen sehr schweren Stand im deutschen Bildungssystem. Oft beherrschen sie die deutsche Sprache gar nicht oder nur ungenügend. Viele dieser Kinder landen im Förderschulzweig des Systems und haben oft keine Chance diesen Weg zu verlassen. Für das Schuljahr 2009/10 konnte Dietze zeigen, dass Kinder mit Migrationshintergrund zu 7,1% die Förderschule besuchten, während es bei den deutschen Kindern lediglich 4,1% waren (vgl. Dietze, 2011, o.S.). Doch nicht nur der Migrationshintergrund allein hat einen Einfluss auf die Zuteilung zur Gruppe der Kinder mit sonderpädagogischem Förderbedarf, auch das Herkunftsland spielt eine entscheidende Rolle. Wie nebenstehende Grafik zeigt, haben Kinder, die aus Serbien, Albanien, dem Libanon, Syrien, Italien, oder Marokko kommen, besonders schlechte Chancen im herrschenden Bildungssystem. Die Kinder aus dem Iran, Österreich, England, Polen, Russland, Frankreich, den USA, der Ukraine und dem Vietnam sind im Vergleich zu deutschen Schülerinnen und Schüler weniger an Förderschulen vertreten (vgl. Kemper & Weishaupt, 2011, S. 421). Des Weiteren sind an Förderschulen Jungen überrepräsentiert. Mit mehr als 66% machten sie im Schuljahr 2011/12 über die Hälfte der Schülerinnen und Schüler in diesem Setting aus (vgl. Malecki, 2013, S. 359). Eine letzte Gruppe, die vermehrt an Förderschulen angetroffen wird, sind Kinder aus sozio-ökonomisch schwachen und weniger gebildeten Familien. Diese Kinder leiden von Beginn an unter schlechteren Startbedingungen als ihre Peers und befinden sich oft in einem Umfeld, in dem keine hohen Bildungsansprüche vorherrschen (vgl. Oymanns, 2015, S. 42-43). Weiter muss angemerkt werden, dass der Förderschulbesuch einen verstärkt negativen Einfluss auf die Schülerinnen und Schüler haben kann, indem er ihre unvorteilhafte Position in der Gesellschaft erhärtet und verschärft (vgl. Blanck, 2015, S. 6).

Abschließend lässt sich sagen, dass „[i]n keinem anderen Industrieland […] die sozial-ökonomische Herkunft und der Migrationshintergrund so sehr über den Schulerfolg [entscheiden] wie in Deutschland" (Reich, 2012, S. 14). In diesem Sinne sollen im folgenden Abschnitt die Schulabschlusschancen der Schülerinnen und Schüler mit sonderpädagogischem Förderbedarf betrachtet werden.

4.3.4 Schulabschlüsse

Der Glaube, dass Schülerinnen und Schüler in den Förderschulen die gleichen Chancen haben, wie die Kinder in den Regelschulen, konnte bereits oben widerlegt werden. Eine noch größere Bedeutung erhält dieser Zustand, wenn man sich überlegt, was dies für die Zukunft der betroffenen Kinder bedeutet. Sie leben in einem Land, in dem „Schul- und Bildungserfolg […] zur Bedingung von gesellschaftlicher Teilhabe" (Moser & Lütje-Klose, 2016, S. 18) gehört. Im Jahr 2010 verließen in Deutschland 7% der Schülerinnen und Schüler, also 53'100 Jugendliche, die Schule ohne einen Abschluss. Betrachtet man die Verteilung dieser Schülerinnen und Schüler etwas genauer (Abbildung 8), so erkennt man, dass 57,1% dieser Jugendlichen eine Förderschule besuchten und insgesamt nur 42,9% die allgemeinen Schulen. Die Abbildung zeigt, dass die Bildungschancen in Deutschland für Kinder an Förder- und Hauptschulen am schlechtesten stehen (vgl. Statistisches Bundesamt, 2012, S. 34-35).

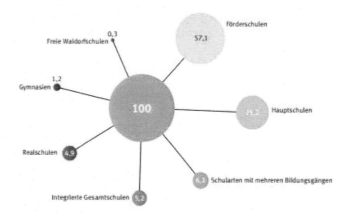

Abbildung 8: Schulabgängerinnen und -abgänger allgemeinbildender Schulen ohne Hauptschulabschluss 2010
Nach Schulart, in % (Statistisches Bundesamt, 2012, S. 35)

Für das Schuljahr 2012 konnte aufgezeigt werden, dass circa 75% der Schülerinnen und Schüler an Förderschulen, diese ohne einen Schulabschluss verließen. Für einen Hauptschulabschluss reichte es bei 22,7%, für einen mittleren Schulabschluss konnten nur 13,7% die geforderten Leistungen erbringen und lediglich 1,1% erlangten eine Hochschulreife. Dies führt in der Folge zu großen Problemen bei der Suche nach einer Ausbildung und später auf dem Arbeitsmarkt (vgl. Moser & Lütje-Klose, 2016, S. 29; Autorengruppe Bildungsberichterstattung, 2014, S. 181). Diese Probleme ziehen sich durch das ganze Leben der Betroffen. Sie führen ein Leben, dass oft durch Arbeitslosigkeit gekennzeichnet ist, was sowohl das Sozialsystem, als auch das Gesundheitssystem mit hohen Kosten belastet. Diese Faktoren führen bei den betroffenen Menschen häufig zu anti-sozialem Verhalten, das sich beispielsweise in Aggressivität und Kriminalität zeigt, oder zu selbstzerstörerischem Verhalten, welches sich in Depressionen oder Perspektivenlosigkeit äußern kann (Reich, 2012, S. 42).

Obwohl mittlerweile ein durchlässiges Schulsystem propagiert wird, dass jedem angeblich jederzeit die Möglichkeit offen lässt von einem Schultyp zum anderen zu wechseln, schaffen dies nur 2,8% der Schülerinnen und Schüler, die eine Förderschule besuchen, pro Jahr (vgl. Jürgens & Miller, 2013, S. 176).

Kinder im Setting Förderschule werden demnach zugleich auf mehreren Ebenen benachteiligt: Sie erhalten, im Vergleich zu ihren Peers, eine schlechtere Bildung, verlassen die Schule oft ohne Abschluss und fristen ihr weiteres Leben am Rande der Gesellschaft, da sich die Probleme der Schule auf die Arbeitswelt übertragen. Sie werden in einem Teufelskreis gefangen, aus dem die wenigsten wieder herauskommen (vgl. UNESCO, 2010, S. 7). Dies sind einige der Gründe, die zu vehementer Kritik am aktuellen Bildungssystem führen und die einen dringenden Wechsel im System verlangen. Dass dieser Wechsel Realität sein kann, zeigt ein Vergleich mit anderen Ländern.

4.3.5 Internationaler Vergleich

Nebenstehende Abbildung von Powell und Pfahl zeigt den Stand der deutschen Bildung im internationalen Vergleich. Links werden die Förderquoten der einzelnen Länder, an deren Spitze sich Finnland, Island, die USA und Dänemark befinden, gezeigt. Deutschland befindet sich hier ungefähr im Mittelfeld. Am unteren Ende dieser Skala befinden sich die Niederlande, Schweden und Italien, die ihren Kindern kaum einen sonderpädagogischen Förderbedarf attestieren. Auf der gegenüberliegenden Seite befindet sich die Exklusionsquote, die zeigt, wie viele Schülerinnen und Schüler in einer separierenden Förderschule unterrichtet werden. In Belgien werden Schülerinnen und Schüler mit sonderpädagogischem Förderbedarf zu fast 100% ausschließlich in Förderschulen unterrichtet, dicht gefolgt von Deutschland mit 87%. Es fällt auf, dass ein Land wie die USA, welches mit eine der höchsten Förderquoten hat, gemeinsam mit

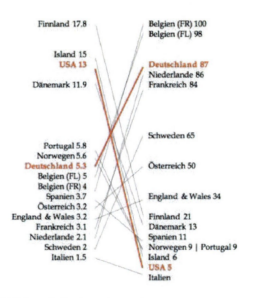

Abbildung 9: Förderquoten und Segregationsraten in Deutschland, Europa und USA
(Powell & Pfahl, 2012, S. 6 zitiert nach Powell & Pfahl 2009)

Italien zu den Ländern mit der niedrigsten Exklusionsquote gehört[5] (vgl. Powell & Pfahl, 2012, S. 6). „Es sind *prima facie* keine Gründe erkennbar, weshalb eine solche Quoten nicht auch in Deutschland erreichbar sind" (Kuhl et al., 2015, S. 45; Hervorhebung durch Autor).

Dieses Kapitel hat versucht, die Realität des deutschen Bildungssystems darzustellen. Dabei wurde auf die aktuelle Integrations- und Inklusionsforschung eingegangen sowie die wichtigsten Daten der Bundesrepublik und der Bundesländer betrachtet. Es wurde aufgezeigt welche Kinder unter der aktuellen Praxis am meisten leiden und wie ihre Chancen im Bildungssystem stehen. Der internationale Vergleich hat die unerfreuliche Position Deutschlands noch einmal hervorgehoben. Zusammengefasst wird am deutschen Bildungssystem kritisiert, dass

- Deutschland in internationalen Leistungsvergleichen (z.B. PISA) schlecht abschneidet, oft unter dem allgemeinen Durchschnitt;
- eine Differenzierung der Bildungswege der Schülerinnen und Schüler bereits geschieht, wenn diese erst 10 Jahre alt sind;
- die Kinder sozio-ökonomisch schlechter gestellter Familien kaum Chancen im Bildungssystem haben;
- inklusive Beschulung ein rares Phänomen ist und Deutschland weit hinter anderen Ländern zurück liegt, sie somit der UN-BRK nicht gerecht wird;
- Entwicklungen, beispielsweise für den Ganztagsunterricht, zu langsam fortschreiten;
- noch immer Gebühren für Kindergärten erhoben werden und zu wenig ausgebildetes Förderpersonal vorhanden ist (vgl. Reich, 2014, S. 15, zitiert nach Munoz, 2007).

Die deutsche Bundesrepublik kann auf ein Schulsystem zurückblicken, dass seit „250 Jahren auf Selektion und Homogenität in der jeweiligen Schulform, auf Differenzierung und sonderpädagogische Didaktiken ausgerichtet war, [und] wird mehr als ein paar Jahre brauchen, um dem Anspruch auf Inklusion und Anerkennung der Vielfalt gerecht zu werden" (Balz et al., 2012, S. 221). Was es braucht, um diesen Ansprüchen auf Inklusion und der Anerkennung der Vielfalt gerecht zu werden, ist Thema des nächsten Kapitels.

---

[5] Ähnlich wie bei den Bundesländern darf hier nicht vergessen werden, dass jedes Land ein eigenes Bildungssystem hat, dass sich teilweise stark von den anderen unterscheiden kann. Ebenfalls sind die Definitionen von Inklusion und inklusivem Unterricht unterschiedlich (vgl. Powell & Pfahl, 2012, S. 6).

5 Inklusion und Schule

Für die Schule bedeutet ein Wechsel hin zu mehr Inklusion Veränderungen auf vielen Ebenen. Lehrkräfte müssen umgeschult werden und in Teams arbeiten, Rahmenbedingungen müssen für unterschiedliche Bedürfnisse geschaffen werden, es muss eine Einstellungsänderung bei Kindern und Eltern stattfinden. Zu Beginn dieses Kapitels werden Integration und Inklusion noch einmal besprochen, dieses Mal speziell auf den Kontext der Schule bezogen. Es folgen die Ziele des inklusiven Unterrichts und eine Beschreibung der betroffenen Akteure. Danach wird die allgemeine Unterrichtspraxis genauer betrachtet und mit ihr die Schwierigkeiten und Vorteile des inklusiven Unterrichts.

5.1 Abgrenzung Integration und Inklusion im Kontext der Schule

Die Abgrenzung der Begriffe *Integration* und *Inklusion* bereitet viele Schwierigkeiten und sollen daher noch einmal voneinander abgegrenzt werden.

Die Integration versieht Schülerinnen und Schüler, die sonderpädagogische Förderung benötigen, mit einem Sonderstatus, was dazu führt, dass sie zwar räumlich in die Regelklassen aufgenommen werden, jedoch mehrheitlich gesondert unterrichtet werden. Dazu gehört die Betreuung durch sonderpädagogische Lehrkräfte sowie spezielle Förderangebote (vgl. Blanck, 2015; Ahrbeck, 2014, S. 8). Die integrative Förderung von Kindern mit sonderpädagogischem Förderbedarf sucht nach dem geeigneten Förderort für die betroffenen Kinder. Das heißt, dass im Vorfeld evaluiert wird, wo, nach Ansicht des Fachpersonals, ein Kind am besten aufgehoben ist: In der Förderschule oder in der Regelschule (vgl. Werning, 2014, S. 605).

Die Inklusion stellt die Überwindung dieses Zustands und der Zwei-Gruppen-Theorie dar. Schülerinnen und Schüler, die zuvor ausgesondert wurden weil sie als "anders" betrachtet wurden, müssen nicht mehr in etwas "normales" integriert werden, sondern gehören von Anfang an dazu (vgl. Stellbrink, 2012, S. 85-86; Reich, 2012, S. 86). „Das Konzept [der Inklusion] will also dazu ermutigen, sich von der Sichtweise zu verabschieden, dass Schwierigkeiten (*difficulties*) von den Defekten oder Schädigungen der Kinder ausgehen" (Heimlich & Behr, 2009, S. 49; Hervorhebung durch Autoren). Im Zentrum der inklusiven Beschulung stehen die Gemeinschaft aller Schülerinnen und Schüler und die Vermeidung der Separation einzelner Kinder oder bestimmter Gruppen für einen langandauernden Zeitraum. Punktuelle und zeitlich begrenzte Unterteilungen der Lerngruppe sind möglich, wenn sie im Rahmen didaktischer Überlegungen stattfinden und zu rechtfertigen sind (vgl. Wansing & Westphal, 2014, S. 163).

Die folgende Tabelle fasst die wichtigsten Unterschiede zwischen der integrativen und der inklusiven Beschulung zusammen.

Tabelle 5: Praxis der Integration und der Inklusion (Hinz, 2002, S. 359).

Praxis der Integration	Praxis der Inklusion
Eingliederung von Kindern mit bestimmten Bedarfen in die Allgemeine Schule	Leben und Lernen für alle Kinder in der Allgemeinen Schule
Differenziertes System je nach Schädigung	Umfassendes System für alle
Zwei-Gruppen-Theorie (Behinderte/nicht Behinderte, mit/ohne sonderpädagogischem Förderbedarf)	Theorie einer heterogenen Gruppe (viele Minderheiten und Mehrheiten)
Aufnahme von behinderten Kindern	Veränderung des Selbstverständnisses von Schule
Individuumszentrierter Ansatz	Systemischer Ansatz
Fixierung auf die institutionelle Ebene	Beachtung der emotionale, sozialen und unterrichtlichen Ebene
Ressourcen für Kinder mit Etikettierung	Ressourcen für Systeme
Spezielle Förderung für behinderte Kinder	Gemeinsames und individuelles Lernen für alle
Individuelle Curricula für Einzelne	Ein individualisiertes Curriculum für alle
Förderpläne für behinderte Kinder	Gemeinsame Reflexion und Planung aller Beteiligter
Anliegen und Auftrag der Sonderpädagogik und Sonderpädagogen	Anliegen und Auftrag der Schulpädagogik und der Schulpädagogen
Sonderpädagogen als Unterstützung für Kinder mit sonderpädagogischem Förderbedarf	Sonderpädagogen als Unterstützung für Klassenlehrer, Klassen und Schulen
Ausweitung von Sonderpädagogik in die Schulpädagogik hinein	Veränderung von Sonderpädagogik und Schulpädagogik
Kombination von (unveränderter) Schul- und Sonderpädagogik	Synthese von (veränderter) Schul- und Sonderpädagogik
Kontrolle durch Experten	Kollegiales Problemlösen im Team

> Die Integrationspraxis versucht, aus sonderpädagogischer Warte individuumsbezogen die Einbeziehung ihrer Klientel mit sonderpädagogischem Förderbedarf, je nach individueller Schädigung, mit personenbezogener Ressourcenausstattung, spezieller Förderung und primärer eigener Zuständigkeit voranzubringen, während die Inklusionspraxis mit schulpädagogischem Ausgangspunkt und systemischem Ansatz alle Schüler an einer gemeinsamen Schule für alle teilhaben und individuell wie gemeinsam lernen lassen und dies mit systembezogener Ressourcenausstattung und allen beteiligten Berufsgruppen voranbringen will (Hinz, 2002, S. 359).

Welche Ziele diese Inklusionspraxis im Kontext der Schule verfolgt und was im Zuge dessen verändert werden muss, ist Thema der folgenden Abschnitte.

5.2 Ziele der Inklusion für die Schule

Gemäß der UNESCO möchte inklusive Bildung alle Möglichkeiten der Exklusion beseitigen, die Kindern und Jugendlichen den Zugang zu gleichberechtigter Bildung aufgrund bestimmter Merkmale verweigert. Des Weiteren sollen dadurch sowohl die soziale Gerechtigkeit, die Teilhabe an der Gesellschaft, als auch die persönlichen Potentiale und das lebenslange Lernen gefördert werden (vgl. UNESCO, 2010, S. 4 & 6). Wie bereits bekannt, folgt das deutsche Schulsystem allerdings einer etwas engeren Definition des Inklusions-Begriffs. Nach Beschluss zur *Inklusive Bildung von Kindern und Jugendlichen mit Behinderungen in Schulen* der KMK, ist das Ziel der inklusiven Schule „das gemeinsame Lernen und die gemeinsame Erziehung von Kindern und Jugendlichen mit und ohne Behinderung" (2011, S. 7).

Ob man nun der weiten Definition der UNESCO folgt oder der engeren der KMK, eins steht für beide fest: Im Zentrum steht das Ziel, dass die Verschiedenheit der Kinder anerkannt, respektiert und wertgeschätzt wird. Die „Vielfalt im Klassenzimmer [wird] nicht [mehr] als Problem, sondern als Chance" (UNESCO, 2010, S. 14) begriffen. Unterschiedlichkeit ist eine Ressource, ein Potential, das für den Unterricht genutzt werden kann und soll (vgl. Siedenbiedel & Theurer, 2015a, S. 29). In diesem Sinne soll jedes Kind so angenommen werden wie es ist, Kinder müssen in ihrer gesamten Identität betrachtet werden. Zu dieser gehören die individuellen Lernpotentiale, aber ebenso alle Eigenheiten, die dem Lernen hinderlich im Weg stehen (vgl. Speck, 2011, S. 81). Oberstes Ziel ist die „Erfüllung der Bedürfnisse aller Lernenden"

(Hillenbrand, 2013, S. 366). Damit einher geht die Abschaffung einer Diagnose von Schülerinnen und Schüler mit sonderpädagogischem Förderbedarf. In einem inklusiven Schulsystem sollte dieser nicht mehr nötig sein, da jedes Kind entsprechend seinem Entwicklungsstand, seinem Niveau und seinen Fähigkeiten gefördert werden soll (vgl. Blum & Diegelmann, 2014, S. 97).

Ein weiteres Ziel der Inklusion ist, dass alle Kinder eine Schule in ihrer Nähe besuchen können. Die Praxis der Förderschulen brachte es häufig mit sich, dass die Schülerinnen und Schüler mit sonderpädagogischem Förderbedarf nicht in unmittelbarer Nähe zu ihrem zu Hause eine Schule besuchen konnten, sondern oft weite Wege auf sich nehmen mussten, um zu ihrer Schule zu gelangen. Die Inklusion möchte dies ändern und verlangt eine Aufnahme dieser Kinder in Wohnortnähe (vgl. Stellbrink, 2012, S. 87). Um dieses Ziel erreichen zu können, müssen alle Barrieren beseitigt werden, die dem im Wege stehen. Barrieren zeigen sich in baulichen, aber ebenfalls organisatorischen und unterrichtlichen Dimensionen (vgl. Ahrbeck, 2014, S. 8). Wie solche Barrieren abgebaut werden können, wird später in diesem Kapitel besprochen.

Des Weiteren möchte Inklusion Prozesse des sozialen Lernens in den Kindern selbst, jedoch ebenso bei allen beteiligten Akteuren anstoßen. Durch inklusiven Unterricht lernen Kinder und Lehrkräfte, dass jeder Mensch, auch sie selbst, unterschiedliche Stärken, aber auch Schwächen besitzt. Das tagtägliche Miteinander bringt diese immer wieder zum Vorschein. Wichtig ist, dass der richtige Umgang mit ihnen gelernt wird, sie anerkannt und akzeptiert werden. Diese neue Form der Akzeptanz tragen die Kinder und Lehrkräfte nach Hause und somit in die Welt (vgl. Degener & Diehl, 2015, S. 151 & Harth, Ockenfels, Rommerskirchen, Scheuer, Stöver & Wogenstein, 1993, S. 44). Es sollen jedoch nicht nur Stärken und Schwächen anerkannt werden, auch die Eigenheiten der Kinder sollen Beachtung finden. Ziel ist der Abbau vielfältiger Vorurteile sowie „sich gegenseitig besser zu verstehen und zu achten, miteinander tätig zu werden und sich aktiv zu unterstützen" (Speck, 2011, S. 29).

Betrachtet man die Ziele, welche sich auf die Unterrichtsgestaltung und den Schulalltag direkt beziehen, dann zeigt sich, dass bei jenen die Partizipation im Vordergrund steht. Lernangebote und verschiedene Aktivitäten sollen so ausgerichtet werden, dass alle Kinder angesprochen werden und daran beteiligt werden können. Jedes Kind soll eine Wertschätzung seiner Beiträge und seiner selbst erleben (vgl. Wansing & Westphal, 2014, S. 172 & 180).

Inklusive Pädagogik, auch *Pädagogik der Vielfalt* (Preuss-Lausitz, 1993; Prengel, 2006) genannt, „schließt die Förderung leistungsstarker, speziell begabter und motivierter Kinder und Jugendlicher ein, ebenso die Anerkennung unterschiedlicher kultureller, ethischer, geschlechtsspezifischer, sexueller oder wertebezogener Differenzen" (Jügens & Miller, 2013, S. 175). Ziel der Inklusion ist es, weg von speziellen Schulen für einige, hin zu „einer Schule für alle" (Hensen et al., 2014, S. 101) zu kommen. Um dies zu erreichen, müssen unterschiedliche Akteure eingebunden werden, da ohne sie eine Umgestaltung der Schulpraxis zu einem inklusiven Setting nicht möglich ist.

5.3 Akteure

Am Inklusionsprozess sind viele verschiedene Akteure beteiligt und ihre Einstellungen und Haltungen bilden das Fundament, auf dem Inklusion aufgebaut werden kann (vgl. Schwab & Seifert, 2015, S. 74). Allerdings sind die Einstellungen nicht immer positiv. Kritische oder ebenfalls negative Haltungen gegenüber der Inklusion sind weit verbreitet. Dieser Abschnitt geht auf die Akteure ein, die direkt und unmittelbar von der Inklusion betroffen sind. In einem ersten Schritt sind dies die Lehrkräfte, gefolgt von den Schülerinnen und Schülern und ihren Eltern. Die Einstellung weiterer Akteure und ihre Bedeutung werden im Abschnitt zu den Schwierigkeiten des inklusiven Unterrichts besprochen.

5.3.1 Lehrkräfte

Eine entscheidende Rolle für eine gelingende Inklusion spielen die beteiligten Lehrkräfte. Häufig hängt es von ihnen und ihrer positiven Einstellung ab, ob inklusiver Unterricht gelingt oder nicht. Die entscheidende Frage dabei ist, ob sie sich „von der in Schule[n] gängigen Defizitorientierung lösen und auch bei sehr schwachen Schülerin die Stärken und Entwicklungsmöglichkeiten sehen [können]?" (Blum & Diegelmann, 2014, S. 59).

Durch die UN-BRK wird sich das Berufsbild der meisten Lehrkräfte massiv verändern. Sie müssen in einem, für sie unbekannten, Umfeld arbeiten und sehen sich vielen neuen Ansprüchen gegenüber. Der klassische, auf homogene Leistungsgruppen ausgerichtete Unterricht verschwindet mehr und mehr, der neue Fokus liegt auf einer individuellen Förderung aller Schülerinnen und Schüler (vgl. Moser & Lütje-Klose, 2016, S. 8 & 175). Viele Lehrkräfte stehen der Inklusion positiv gegenüber, allerdings fühlen sich die meisten von den neuen Ansprüchen überfordert und zweifeln an einer realisierbaren Umsetzung (vgl. Schwab & Seifert, 2015, S. 75; Trumpa et al., 2014, S. 243). In ihrer Studie konnten Trumpa et al. zeigen, dass Lehrkräfte dem sozialen Lernen im inklusiven Unterricht einen positiven Stellenwert zuweisen. Sie glauben, dass Schülerinnen und Schüler in heterogenen Klassen Vorurteile abbauen und Berührungsängste verlieren. Eher negativ werden die Chancen der individuellen Förderung und somit der Verbesserung von Schulleistungen und Lernen bewertet (vgl. 2014, S. 251). Entscheidenden Einfluss auf die Einstellung der Lehrkräfte haben die wahrgenommene Unterstützung durch die Schule, die vorhandenen Rahmenbedingungen (Klassenzimmer, Anzahl der Schülerinnen und Schüler, etc.), die Art der Beeinträchtigung der Kinder, Vorerfahrungen mit Menschen mit Behinderung und die Ausbildung (vgl. Trumpa et al., 2014, S. 244; UNESCO, 2010, S. 20; Hensen et al., 2014, S. 122). Betrachtet man die Art der Beeinträchtigung, so gelang Schwab und Seifert in ihrer Zusammenstellung verschiedener Studien zu zeigen, dass Lehrkräfte körperlichen Behinderungen und Lernbehinderungen am positivsten gegenüber stehen. Am negativsten werden geistige Behinderungen und Verhaltensauffälligkeiten bewertet (vgl. 2015, S. 75).

Weiter spielt die Ausbildung eine sehr große Rolle. Es konnte aufgezeigt werden, dass Lehrkräfte, die sich noch in der Ausbildung befinden, eher an die positiven Auswirkungen glauben, als bereits berufstätige Lehrkräfte (vgl. Schwab & Seifert, 2015, S. 76). Bereits unterrichtende Lehrkräfte wurden für relativ homogene Leistungsgruppen ausgebildet. Sie kamen in der Erwartung an die Schulen, Kinder mit ähnlichen Voraussetzungen und vergleichbaren Intelligenzniveaus vorzufinden. Durch den bereits begonnen Wechsel ändert sich dies drastisch (vgl. Moser & Lütje-Klose, 2016, S. 36). Der Leiter einer integrierten Gesamtschule fasst die neuen Probleme der Regelschullehrkräfte passen zusammen:

> Unsere Kollegen sind als Regelschullehrer nicht dafür ausgebildet, Kinder mit sonderpädagogischem Förderbedarf bedarfsgerecht zu unterrichten, Schwierigkeiten zielgerichtet zu diagnostizieren und individuelle Fördermaßnahmen durchzuführen. Zwar sind es unsere Kollegen gewöhnt, in heterogenen Lerngruppen zu unterrichten und entsprechend zu differenzieren. Aber die besonderen Anforderungen von Schülern mit sonderpädagogischem Förderbedarf sind ihnen aufgrund ihrer Ausbildung nur in Ansätzen bekannt (Blum & Diegelmann, 2014, S. 57).

Regelschullehrkräfte sind meistens nicht für die neuen Anforderungen ausgebildet. „[S]ie sind es bisher fast ausschließlich gewohnt, Unterricht allein hinter verschlossenen Türen zu halten. Gegenseitige Hospitationen sind die Ausnahme" (Blum & Diegelmann, 2014, S. 58). Individualisiertes Lernen, kooperativer Unterricht und auch der Umgang mit Kindern mit sonderpädagogischem Förderbedarf sind für sie Neuland, weshalb ihre Ängste, Bedenken und Sorgen ernst genommen und beachtet werden müssen. Folgende Punkte belasten Lehrkräfte am meisten:

- die Angst vor Überforderung, auch wegen der gefühlten und tatsächlich fehlenden Kompetenzen und Erfahrungen,
- die Unzufriedenheit mit den eigenen Wirkungsmöglichkeiten,
- die noch nicht angepasste Lehreraus- und -fortbildung,
- der zum Teil erbitterte Streit der Lehrkräfte, Eltern und Ministerien über den richtigen Weg,
- die Forderung von Lehrkräften und Wissenschaftlern, inklusiven Unterricht durchgängig doppelt zu besetzten,
- die ständige Zunahme der Zahl der Kinder mit großem Störpotential und einem großen Bedürfnis nach Aufmerksamkeit als Folge von Armut und Vernachlässigung (Blum & Diegelmann, 2014, S. 6, zitiert nach Spiegel Online, 2013).

In Aus- und Fortbildungen müssen diese Themen aufgegriffen werden und es muss versucht werden, die Handlungskompetenzen der Lehrkräfte zu stärken und zu verbessern (vgl. Blum & Diegelmann, 2014, S. 40; Moser & Lütje-Klose, 2016, S. 36). Gemäß der *European Agency for Development in Special Needs Education* soll in der Ausbildung angehender Lehrkräfte nicht nur fachliches Wissen vermittelt werden, sondern es sollen ebenso bestimmte Einstellungen gefördert werden. Zu diesen gehören:

1. Valuing learner diversity – learner difference is considered as a resource and an asset to education;
2. Supporting all learners – teachers have high expectations for all learners' achievements;

3. Working with others – collaboration and teamwork are essential approaches for all teachers;
4. Continuing personal professional development – teaching is a learning activity and teachers take responsibility for their own lifelong learning (European Agency for Development in Special Needs Education, 2012, S. 11).

Um den Anforderungen einer inklusiven Bildung im Sinne der UN-BRK gerecht zu werden, müssen Lehrkräfte entsprechend aus- und fortgebildet werden (vgl. Moser & Lütje-Klose, 2016, S. 35). Geschieht dies nicht, resignieren Lehrkräfte[6], weil sie sich aufgrund der dauernden Überforderung hilflos und erschöpft fühlen. Im schlimmsten Falle führt dies zu langandauernden Erkrankungen und Ausfällen (vgl. Speck, 2011, S. 74). „Lehrkräfte [aber], die die Unterrichtung von Schülerinnen und Schüler mit sonderpädagogischem Förderbedarf als Teil ihrer professionellen Rolle ansehen, [realisieren] qualitativ höherwertigen und effektiveren Unterricht" (Werning, 2014, S. 616).

Wie genau Schülerinnen und Schüler diese Art des Unterrichts bewerten, wird im nächsten Abschnitt besprochen.

5.3.2 Schülerinnen und Schüler

Leider lassen sich nicht viele Studien finden, die sich mit den Einstellungen von Schülerinnen und Schüler im Bezug zur inklusiven Schule befassen. Einige wenige Ergebnisse haben Hensen et al. zusammengefasst. Für diejenigen Kinder und Jugendliche, die einen sonderpädagogischen Förderbedarf attestiert bekamen und in Folge dessen eine spezielle Förderschule besuchen mussten, konnte aufgezeigt werden, dass dies mit negativen Gefühlen für die Betroffenen einhergeht. Sie sind beschämt und fühlen sich vielen Vorurteilen ausgesetzt (vgl. Hensen et al., 2014, S. 125). Allerdings kann nicht nur der Besuch einer Förderschule negativ konnotiert werden, auch jener in einer Regelklasse wird nicht immer positiv bewertet. Ahrbeck berichtet von Studien, in denen Schülerinnen und Schüler mit Beeinträchtigung unter ihrer Situation in inklusiven Regelklassen litten. Diese Kinder waren ängstlicher, wiesen ein geringeres Selbstwertgefühl auf, gehörten mehrheitlich zu den unbeliebtesten Kindern und fühlten sich dementsprechend unwohl in ihrer Umgebung. Fast

---

[6] Unterschiedliche Statements von Lehrkräften zur inklusiven Bildung können im Anhang nachgelesen werden.

jedes zweite Kind, bei welchem ein sonderpädagogischer Förderbedarf festgestellt wurde, wurde von den Gleichaltrigen nicht angenommen (vgl. 2014, S. 9). Ambivalent dazu stehen die Aussagen von Heubach. Dieser beschreibt ein Szenario, in dem die gegenseitige Akzeptanz durch den stetigen Unterricht miteinander wächst und Vorurteile abgebaut werden. Der gemeinsame Unterricht führt demnach zu einem sichereren und ungehemmteren Umgang miteinander (vgl. Heubach, 2013, S. 53). Ähnliche Ergebnisse berichtet Dagmar Scheuermann-Reich, Leiterin einer Grundschule. Kinder, die in Inklusionsklassen unterrichtet wurden, zeigten mehr Toleranz für Fehler und Schwächen. Kinder mit sonderpädagogischem Förderbedarf konnten in den inklusiven Klassen „entsprechend ihren Möglichkeiten nicht nur gefördert, sondern auch gefordert werden, sie haben […] immer das Gefühl: Wir gehören dazu" (Blum & Diegelmann, 2014, S. 51).

Betrachtet man die Einstellungen aller Schülerinnen und Schüler[7] gegenüber inklusivem Unterricht, zeigen sich hauptsächlich positive Bewertungen. Diese kommen durch kooperative Lehrmethoden und viele unterschiedliche Aufgaben zustande, die individuell gewählt und bearbeitet werden können. Schülerinnen und Schüler ohne Beeinträchtigung sprechen sich gegen den Ausschluss von Kindern mit Beeinträchtigung aus, für sie ist dies ein falsches Vorgehen. Beachtet werden muss dabei, dass sich die Einstellungen der Kinder im Laufe der Zeit ändern. „Das Bewusstsein der Kinder beziehungsweise ihre Vorannahmen zu den Auswirkungen der jeweiligen Behinderung auf Spiel- und Lernsituationen verändern sich" (vgl. Hensen et al., 2014, S. 125) und somit die Einstellungen der Kinder. Hier sind das Klima der Schule, die Einstellungen der Lehrkräfte und Eltern entscheidend, die einen Einfluss auf die Heranwachsenden haben (vgl. Hensen et al., 2014, S. 124-125). Die Einstellungen der Eltern und wodurch sie beeinflusst werden, ist Thema des nächsten Abschnitts.

---

[7] Einige Schülermeinungen zur Inklusion, welche bei einem afrikanischen Projekt gesammelt wurden, können im Anhang gefunden werden.

5.3.3 Eltern

Die letzten Akteure, die hier betrachtet werden sollen, sind die Eltern. Wie bereits im dritten Kapitel gesehen werden konnte, spielen sie eine bedeutende Rolle, wenn es um die Bildung ihrer Kinder geht. „Wenngleich Eltern am schulischen Alltag meist nur indirekt beteiligt sind [...], so sind sie schließlich als primäre Sozialisationsinstanz immer auch Akteure, die die Einstellung ihrer Kinder maßgeblich prägen" (König et al., 2015, S. 144). Zusätzlich können sie mit dem bestehenden Elternwahlrecht in den Bildungsweg ihrer Kinder eingreifen. Sie entscheiden also, ob ihre Kinder inklusiv beschult werden, oder nicht.

Betrachtet man die Einstellung der Eltern, lässt sich erkennen, dass sie, ebenso wie die Lehrkräfte, Vorteile für die Kinder im Bereich des sozialen Lernens sehen. Des Weiteren glauben sie, dass Kinder mit sonderpädagogischem Förderbedarf im gemeinsamen Unterricht bessere Leistungen erzielen. Dies geht einher mit den bereits besprochenen Ergebnissen zu den Schulleistungen. Allerdings sind auf der Seite der Eltern auch viele Befürchtungen vorhanden. Dies gilt für die Eltern beider Gruppen von Kindern. Eltern von Kindern mit Beeinträchtigung befürchten, dass ihre Kinder keine adäquate Förderung erhalten, dass die Lehrkräfte der Regelklassen nicht angemessen auf sie eingehen können, es ihnen an der nötigen Aufmerksamkeit und Unterstützung mangelt. Angst besteht ebenfalls vor den möglichen negativen Verhalten der Mitschülerinnen und Mitschüler. Diese könnten die Kinder mit Beeinträchtigung ausgrenzen und nicht in den Klassenverband aufnehmen (vgl. Hensen et al., 2014, S.118-119; König et al., 2015, S. 143). Es gibt Studien, die diese Befürchtungen bestätigen: „Der soziale Status von Kindern mit Behinderung ist in inklusiven Settings wesentlich schlechter als von Kinder ohne Behinderung, vielfach begegnen sie sogar offener Ablehnung" (vgl. Trumpa et al., 2014, S. 252).

Befragt man die Eltern von den Kindern der zweiten Gruppe zeigt sich, dass diese der gemeinsamen Beschulung ihrer eigenen Kinder mit Kindern, welche unter starken emotionalen oder mentalen Behinderungen leiden, eher kritisch gegenüber stehen (vgl. Hensen et al., 2014, S.118-119). Weiter befürchten diese Eltern, dass ihre Kinder in inklusiven Klassen nicht die gleichen

Leistungsergebnisse erzielen, wie in mehr oder weniger homogenen Klassen (vgl. Blum & Diegelmann, 2014, S. 65).

Ähnlich wie bei den Lehrkräften, ist die Beeinträchtigungsart entscheidend für die Einstellung der Eltern. Keine Probleme sehen die Eltern bei der gemeinsamen Unterrichtung zusammen mit Kindern mit körperlichen oder Lernbeeinträchtigungen. Abgelehnt wird der gemeinsame Schulbesuch mit Kindern, die verhaltensauffällig oder mental behindert sind. Gründe für diese Einstellungen sind häufig mangelndes Wissen und fehlende Erfahrungen mit Menschen mit Beeinträchtigung. Es konnte allerdings in unterschiedlichen Studien aufgezeigt werden, dass sich die Einstellungen durch tatsächliche Erfahrungen positiv verändern (vgl. Hensen et al., 2014, S. 119).

Wie gesehen werden konnte, werden Eltern durch die gleichen Merkmale beeinflusst, wie Lehrkräfte. Eine Rolle spielen Vorerfahrungen sowie der Charakter der Beeinträchtigung. Hinzu kommen der Bildungsabschluss und die sozioökonomische Situation. Umso höher diese ausfallen, umso positiver ist die Einschätzung einer inklusiven Beschulung (vgl. Trumpa et al., 2014, S. 245). Von gegenteiligen Befunden berichten König et al. Hier geht ein höherer Bildungsabschluss einher mit einer negativeren Einstellung gegenüber inklusivem Unterricht. Erklärt wird dies mit der Befürchtung der Eltern, dass ihre Kinder durch die Inklusion nicht die gleichen Ausbildungschance erhalten und somit den hohen schulischen Ansprüchen der Eltern nicht gerecht werden könnten (vgl. König et al., 2015, S. 156).

Vergleicht man die Eltern von Kindern ohne Beeinträchtigung mit jenen, die ein Kind mit Beeinträchtigung haben, lässt sich feststellen, dass erstere der Inklusion eher negativ gegenüberstehen, während letztere in ihr eher Vorteile sehen. Positiv werden die kognitiv stärkeren Gleichaltrigen betrachtet, die eine stimulierende Umgebung kreieren, von der die Kinder mit Beeinträchtigung profitieren können (vgl. Trumpa et al., 2014, S. 249 & 252-253). Zugleich werden Kinder mit Beeinträchtigung in diesem Setting mit höheren Leistungserwartungen konfrontiert, was möglicherweise ebenfalls positive Auswirkungen auf ihre Leistungsentwicklung hat (vgl. Ahrbeck, 2014, S. 9).

In ihrer eigenen Studie konnten Trumpa et al. zeigen, dass Eltern insgesamt eine positivere Einstellung gegenüber Inklusion vertreten, als die Lehrkräfte.

„Damit trauen Eltern den Lehrkräften offenbar die fachliche Förderung aller Schülerinnen und Schüler eher zu als diese sich selber" (2014, S. 254).

„Voraussetzung für eine inklusive Handlungsorientierung und Praxis im Unterricht scheint eine positive Wahrnehmung und eine begrüßende Haltung gegenüber der Heterogenität bzw. Vielfalt der Lernenden zu sein" (Wansing & Westphal, 2014, S. 160), die durch alle Akteure getragen werden muss. Erst wenn dies gegeben ist, kann Schule entwickelt, verändert und verbessert werden. Unterstützend wirken dabei die Instrumente, welche nachfolgend beschrieben werden.

5.4 Instrumente für eine erfolgreiche Inklusion

Inklusion ist ein Prozess, den jede Schule beginnen kann, der jedoch nicht von heute auf morgen erfolgreich und fehlerfrei umgesetzt werden kann (vgl. Heubach, 2013, S. 50). Damit dieser Prozess jedoch erleichtert und evaluiert werden kann, existieren einige unterstützende Instrumente. Im Folgenden werden der Index für Inklusion und das 4-A-Schema vorgestellt.

5.4.1 Index für Inklusion

Eines der wichtigsten Instrumente zur Evaluation der aktuellen Inklusionspraxis einer Schule ist der Index für Inklusion von Toni Booth und Mel Ainscow. Der Index soll die „Schulen auf ihrer Reise hin zu mehr Inklusion zur Reduzierung von Exklusion unterstützen" (Heimlich & Behr, 2009, S. 51).

Die erste Ausgabe des Indexes erschien im Jahre 2000 in englischer Sprache und umfasste sechs Bereiche, mit insgesamt 44 Indikatoren und 560 Fragen. Entscheidend für den Index ist, dass nicht, wie beispielsweise bei PISA, die Schulleistungen der Schülerinnen und Schüler im Zentrum stehen, sondern dass die ganze Schule betrachtet und ihre Gesamtsituation evaluiert wird. Drei Jahre nach der Veröffentlichung folgte von Ines Boban und Andreas Hinz die erste Ausgabe in Deutsch. Der Index ist ein sehr aktuelles Instrument und bietet, neben Anwendungsmöglichkeit auf Schulen, auch Adaptionen für Kommunen und Kindertagesstätten. Er wird von den Autoren laufend angepasst und verbessert, weshalb im Jahre 2011 die dritte englisch Ausgabe folgte.

Diese wurde komplett überarbeitet und enthält zurzeit 70 Indikatoren und 1858 Fragen (vgl. Reich, 2012, S. 159-160 & 178). Mittlerweile wird der Index in über 40 Ländern verwendet und wurde in ebenso viele Sprachen übersetzt (vgl. Heimlich & Behr, 2009, S. 53; Balz et al., 2012, S. 154). Für die Version von 2011 haben die beiden Autoren eine Liste von 15 Werten zusammengestellt, die für den Index wichtig sind und ihm zugrunde liegen. Diese Werte sind:

- Gleichwertigkeit
- Rechte
- Teilhabe/Teilnahme
- Respekt für Vielfalt
- Gemeinschaft
- Nachhaltigkeit
- Gewaltfreiheit
- Vertrauen
- Ehrlichkeit
- Mut
- Freude
- Mitgefühl
- Liebe
- Optimismus
- Schönheit (Balz et al., 2012, S. 152-153, zitiert nach Booth & Ainscow, 2011, S. 21).

Die Werte sind für den gesamten Index von Bedeutung und können in den einzelnen Dimensionen und Indikatoren wiedergefunden werden. Eine genauere Beschreibung der einzelnen Werte findet sich bei Balz et al. (2012) auf Deutsch und bei Booth und Ainscow (2011) auf Englisch.

Betrachtet man den spezifischen Aufbau des Indexes in der folgenden Abbildung[8] genauer, so lässt sich erkennen, dass er aus sechs Bereichen besteht, die auf drei Dimensionen aufgeteilt werden.

---

[8] Für diese Arbeit wird auf den Aufbau der deutschen Version von Boban und Hinz (2003) eingegangen, welche die erste Version des englischen Indexes zur Grundlage hat.

Dimensionen	Bereiche	Indikatoren		Fragen
C Inklusive Praktiken entwickeln	**C 2** Ressourcen mobilisieren	1. Die Unterschiedlichkeit der SchülerInnen wird als Chance für das Lehren und Lernen genutzt.		9
		2. Die Fachkenntnis der MitarbeiterInnen wird voll ausgeschöpft.		10
		3. Das Kollegium entwickelt Ressourcen, um das Lernen und die Teilhabe zu unterstützen.		15
		4. Die Ressourcen im Umfeld der Schule sind bekannt und werden genutzt.		6
		5. Die Schulressourcen werden gerecht verteilt, um Inklusion zu verwirklichen.		7
	C 1 Lernarrangements organisieren	1. Der Unterricht wird auf die Vielfalt der SchülerInnen hin geplant.		16
		2. Der Unterricht stärkt die Teilhabe aller SchülerInnen.		17
		3. Der Unterricht entwickelt ein positives Verständnis von Unterschieden.		10
		4. Die SchülerInnen sind Subjekte ihres eigenen Lernens.		19
		5. Die SchülerInnen lernen miteinander.		11
		6. Bewertung erfolgt für alle SchülerInnen in leistungsförderlicher Form.		16
		7. Die Disziplin in der Klasse basiert auf gegenseitigem Respekt.		12
		8. Die LehrerInnen planen, unterrichten und reflektieren im Team.		10
		9. Die ErzieherInnen unterstützen das Lernen und die Teilhabe aller SchülerInnen.		15
		10. Die Hausaufgaben tragen zum Lernen aller SchülerInnen bei.		14
		11. Alle SchülerInnen beteiligen sich an Aktivitäten außerhalb der Klasse.		14
B Inklusive Strukturen etablieren	**B 2** Unterstützung für Vielfalt organisieren	1. Alle Formen der Unterstützung werden koordiniert.		10
		2. Fortbildungsangebote helfen den MitarbeiterInnen, auf die Vielfalt der SchülerInnen einzugehen.		13
		3. 'Sonderpädagogische' Strukturen werden inklusiv strukturiert.		11
		4. Dem Gleichstellungsgebot wird durch den Abbau von Hindernissen für das Lernen und die Teilhabe aller SchülerInnen entsprochen.		11
		5. Die Unterstützung für SchülerInnen mit Deutsch als Zweitsprache wird mit der Lernunterstützung koordiniert.		8
		6. Unterstützungssysteme bei psychischen und Verhaltensproblemen werden mit denen bei Lernproblemen und mit der inhaltlichen Planung koordiniert.		13
		7. Druck zu Ausschluss als Strafe wird vermindert.		14
		8. Hindernisse für die Anwesenheit werden reduziert.		15
		9. Mobbing und Gewalt werden abgebaut.		14
	B 1 Eine Schule für alle entwickeln	1. Der Umgang mit MitarbeiterInnen in der Schule ist gerecht.		8
		2. Neuen MitarbeiterInnen wird geholfen, sich in der Schule einzugewöhnen.		8
		3. Die Schule nimmt alle SchülerInnen ihrer Umgebung auf.		8
		4. Die Schule macht ihre Gebäude für alle Menschen barrierefrei zugänglich.		7
		5. Allen neuen SchülerInnen wird geholfen, sich in der Schule einzugewöhnen.		10
		6. Die Schule organisiert Lerngruppen so, dass alle SchülerInnen wertgeschätzt werden.		13
A Inklusive Kulturen schaffen	**A 2** Inklusive Werte verankern	1. An alle SchülerInnen werden hohe Erwartungen gestellt.		12
		2. MitarbeiterInnen, SchülerInnen, Eltern und Mitglieder schulischer Gremien haben eine gemeinsame Philosophie der Inklusion.		10
		3. Alle SchülerInnen werden in gleicher Weise wertgeschätzt.		10
		4. MitarbeiterInnen und SchülerInnen beachten einander als Mensch und als RollenträgerIn.		11
		5. Die MitarbeiterInnen versuchen, Hindernisse für das Lernen und die Teilhabe in allen Bereichen der Schule zu beseitigen.		10
		6. Die Schule bemüht sich, alle Formen von Diskriminierung auf ein Minimum zu reduzieren.		15
	A 1 Gemeinschaft bilden	1. Jede(r) fühlt sich willkommen.		11
		2. Die SchülerInnen helfen einander.		10
		3. Die MitarbeiterInnen arbeiten zusammen.		13
		4. MitarbeiterInnen und SchülerInnen gehen respektvoll miteinander um.		10
		5. MitarbeiterInnen und Eltern gehen partnerschaftlich miteinander um.		14
		6. MitarbeiterInnen und schulische Gremien arbeiten gut zusammen.		11
		7. Alle lokalen Gruppierungen sind in die Arbeit der Schule einbezogen.		9

Abbildung 10: *Dimensionen, Bereiche, Indikatoren und Fragen des Indexes im Überblick (Boban & Hinz, 2003, S. 17)*

Die drei Dimensionen sind *Inklusive Kulturen schaffen*, *Inklusive Strukturen etablieren* und *Inklusive Praktiken entwickeln*. Die erste Dimension hat zum Ziel, dass eine Gemeinschaft aufgebaut wird, die alle Kinder aufnimmt, in der jeder akzeptiert wird und zusammen gearbeitet werden kann. Doch werden in dieser Dimension nicht nur die Schülerinnen und Schüler angesprochen, sondern alle am Prozess beteiligten Akteure. In der zweiten Dimension geht es um strukturbezogene Entwicklungen. Also darum, ob angemessen mit den Mitarbeiterinnen und Mitarbeitern umgegangen wird, ob alle Kinder aus dem Einzugsgebiet einer Schule bedingungslos aufgenommen werden und ob adäquate Unterstützungsmaßnahmen getroffen werden. Die letzte Dimension kümmert sich um die tatsächlichen Praktiken und Ressourcen der Schulen. Dabei soll herausgefunden werden, ob die inklusiven Kulturen und Strukturen, die zuvor geschaffen werden sollten, auch in der Praxis umgesetzt werden. Dies bedeutet, dass sich der Inklusionsgedanke sowohl im Unterricht, in der Erziehung und in der Nutzung von Ressourcen widerspiegeln sollte. Wie vorgängig erläutert, enthält jede Dimension zwei Bereiche. Diese enthalten wiederum Indikatoren. Dabei sind ein Minimum von fünf und ein Maximum von elf verschiedenen Indikatoren pro Bereich vorgesehen. Die Indikatoren selbst werden durch Fragen ausdifferenziert. Die Mindestanzahl liegt hier bei sechs, die Maximalanzahl bei 17 Fragen (vgl. Reich, 2012, S. 164-166). Wie dies im Detail aussieht, kann für den ersten Indikator "Jede(r) fühlt sich willkommen" der Abbildung am Ende des Abschnittes entnommen werden.

Der Index vertritt ein sehr weites Verständnis von Inklusion und bezieht *alle* Kinder mit ein, die auf irgendeine Art und Weise benachteiligt werden. Der Index dient der Selbstreflexion, soll zu einer Einstellungsänderung führen und damit eine inklusive Entwicklung der Schulen anstoßen (vgl. Blömer et al., 2015, S. 19; Speck, 2011, S. 79). Er soll den Schulen dabei helfen, die bestehenden Barrieren zu identifizieren, die das gemeinsame Lernen aller Schülerinnen und Schüler beeinträchtigen. Ziel ist, dass die Verschiedenheit der Kinder wertgeschätzt und als „besondere Ressource für Lehr- und Lernprozesse angesehen" (Werning, 2014, S. 607) wird. Booth selbst bezeichnet die „Inklusion als ein niemals endender Prozess zur Erhöhung der sozialen Teilhabe und der Bekämpfung von Exklusion" (Heimlich & Behr, 2009, S. 41).

Dimension A Inklusive KULTUREN schaffen

A. 1 | Gemeinschaft bilden

Indikator A. 1.1 | Jede(r) fühlt sich willkommen.

1) Werden Menschen bei dem ersten Kontakt mit der Schule freundlich empfangen?
2) Heißt die Schule alle SchülerInnen willkommen, z.B. Kinder von MigrantInnen, Fahrenden oder AsylbewerberInnen, Kinder mit Beeinträchtigungen und aus verschiedenen sozialen Milieus?
3) Heißt die Schule alle Eltern und andere Mitglieder der örtlichen Gemeinde willkommen?
4) Sind Informationen über die Schule für alle zugänglich und verständlich, z. B. in verschiedenen Sprachen bzw. in einfacher Sprache, in Braille, auf Kassette, in Großdruck?
5) Sind ÜbersetzerInnen für Gehörlose oder Menschen anderer Muttersprachen verfügbar?
6) Wird in der Öffentlichkeitsarbeit der Schule unmissverständlich deutlich, dass es ihr Grundprinzip ist, auf die Vielfalt der SchülerInnen und ihre Hintergründe einzugehen?
7) Spiegelt sich das Prinzip der Vielfalt der Schulgemeinschaft im Eingangsbereich der Schule wider?
8) Würdigt die Schule lokale Kulturen und Gemeinschaften, etwa durch Ausstellungen?
9) Werden neue SchülerInnen und MitarbeiterInnen durch Rituale willkommengeheißen und verabschiedet?
10) Fühlen sich die SchülerInnen als EigentümerInnen ihrer Klassenräume?
11) Fühlen sich SchülerInnen, Eltern, MitarbeiterInnen, Mitglieder der schulischen Gremien und die der örtlichen Gemeinde als gemeinsame BesitzerInnen der Schule?

Abbildung 11: Indikator 1 mit Fragen
(Boban & Hinz, 2003, S. 53)

5.4.2 4-A-Schema

Ein weiteres Instrument, das bei der Evaluation von inklusiven Schulen herangezogen werden kann, ist das 4-A-Schema. Dieses geht zurück auf Prof. Dr. Katarina Tomaševski, die von 1998 bis 2004 als UN-Sonderberichterstatterin gearbeitet hat. Ursprünglich wurde das Modell auf den grundsätzlichen Zugang zu Bildung angewendet, mittlerweile jedoch für den inklusiven Kontext adaptiert (vgl. Amrhein, 2011, S. 30).

Das Modell basiert auf den vier Strukturelementen *Availability, Accessability, Acceptability* und *Adaptability*. Die ersten beiden beziehen sich dabei eher auf die strukturelle Voraussetzungen, die letzten beiden auf inhaltliche Fragen und spezifische Formen des Unterrichts (vgl. Amrhein, 2011, S. 150).

Um der Verfügbarkeit (*Availability*) gerecht zu werden, muss Bildung für alle Kinder zugänglich sein. Das bedeutet, dass die Schulen für alle Schülerinnen und Schüler erreichbar sind, dass sie gebührenfrei sind und die Lehrkräfte über die nötigen Ausbildungen verfügen, um den Kindern gerecht zu werden. Für Kinder mit Beeinträchtigung kann dies beispielsweise bedeuten, dass für einen adäquaten Transport gesorgt wird, um eine bestimmte Schule für sie erreichbar zu machen. Die aktuelle, separierende Form des Bildungssystems widerspricht dem Strukturelement der Verfügbarkeit. Das Element der Zugänglichkeit (*Accessability*) meint, dass alle Kinder Zugang zu den Bildungsinstitutionen erhalten müssen. Sie dürfen weder durch Diskriminierung noch durch Barrieren am Zugang zu einer bestimmten Schule gehindert werden. Für die Praxis kann dies bedeuten, dass Lehrkräfte mit Fremdsprachenkenntnissen eingestellt werden, welche Kinder mit Migrationshintergrund unterstützen können, oder Schulgebäude so umgebaut werden, dass ein barrierefreier Zugang überall möglich ist. Das dritte Strukturelement betrachtet die Akzeptanz (*Acceptability*). Dieses Element zielt auf die tatsächlichen Bildungsinhalte und –formen. Diese sollen an alle Schülerinnen und Schüler angepasst werden. Die Inhalte und Formen dürfen nicht diskriminierend sein, sondern müssen an die unterschiedlichen kulturellen Zusammensetzungen der Klassen angeglichen werden. Weiter wird verlangt, dass sie eine hohe Qualität aufweisen. Das kann nur durch angemessen ausgebildete Lehrkräfte gewährleistet werden. Die Anpassungsfähigkeit (*Adaptability*), als letztes Strukturelement, bezieht sich ebenfalls auf diesen Bereich und ist im Kontext der Inklusion von entscheidender Wichtigkeit. Es wird verlangt, dass sich die Bildungsinhalte und -formen, den Kindern anpassen. Dies wird dann gewährleistet, wenn die Bedürfnisse einzelner beachtet werden und auf sie eingegangen wird, um den betroffenen Kindern eine adäquate Unterstützung zu bieten (vgl. Balz et al, 2012, S. 149; Amrhein, 2011, S. 30-31; Tomaševski, 2001, S. 13-15). Die Strukturelemente von Tomaševski zeigen ein weiteres Mal, dass sich nicht die Kinder an die Schule, sondern die Schulen sich an die einzelnen Kinder und ihre individuellen Bedürfnisse anzupassen haben (vgl. Speck, 2011, S. 87).

Durch die beiden beschriebenen Instrumente sollen inklusive Prozesse beschrieben und evaluiert werden. Das heutige Schulsystem muss einige

Veränderungen der aktuellen Ausrichtung vornehmen, damit inklusiver Unterricht stattfinden kann. „Fest steht: Ohne grundlegende Änderungen der pädagogischen Kulturen, Strukturen und Praktiken kann inklusive Bildung nicht realisiert werden" (Degener & Diehl, 2015, S. 133). Wie diese Veränderungen aussehen können, betrachtet der nachfolgende Abschnitt.

5.5 Allgemeine Unterrichtsgestaltung

Damit inklusiver Unterricht in den verschiedenen Schulen möglich wird, müssen diese an die nötigen Bedingungen angepasst werden. Denn, „[w]er das Inklusionsgebot ernst nimmt, muss an die [...] Barrieren von Teilhabe herangehen, an die Wurzeln der Exklusion" (Moser & Lütje-Klose, 2016, S. 15). Das bedeutet, dass Änderungen auf personeller, materieller und auch organisatorischer Ebene stattfinden müssen (vgl. Kuhl et al., 2015, S. 105). Das Ziel ist, dass die Schulen so geformt werden, „dass sie für alle pass[en]" (Kreutzer & Ytterhus, 2008, S. 40). Gefordert wird demnach eine Veränderung der Schule und nicht mehr der Schülerinnen und Schüler. „[E]rfordert wird eine insofern veränderte Sicht, als sich nicht die Schüler/innen, die eine Schule besuchen, dem Schulsystem im Sinne einer Normierung anpassen bzw. unterordnen, sondern dass die Schule sich den Schüler/innen, die sie besuchen, anpasst" (Siedenbiedel & Theurer, 2015a, S. 10). Nicht mehr die "Defizite" der Kinder stehen im Vordergrund, sondern die Frage, was eine jede Schule tun kann, um ihre Schülerinnen und Schüler optimal in ihrer Lernentwicklung zu fördern (vgl. Balz et al., 2012, S. 268).

Was dies für den Unterricht und die Rahmenbedingungen bedeutet, wird in den folgenden Abschnitten behandelt. Allerdings geht eine Veränderung der Schule im Hinblick auf Inklusion nicht problemlos von statten, weshalb der dritte Abschnitt sich mit den Problemen eines inklusiven Unterrichts auseinandersetzt.

5.5.1 Rahmenbedingungen

Eine wichtige Neuerung, nach der inklusiver Unterricht verlangt, ist die Unterrichtung in „multiprofessionellen Teams" (Moser & Lütje-Klose, 2016, S. 36). Dies bedeutet, dass Lehrkräfte nicht mehr alleine für ihre Klassen zuständig sind, sondern sich die Arbeit mit einer Kollegin oder einem Kollegen teilen. Ziel ist ein „Zwei-Lehrer-System" (Valtin, Sander & Reinartz, 1984, S. 21). Die beiden Lehrkräfte, in der Regel einer aus dem Regelschulbereich und einer aus dem Förderschulbereich, arbeiten gemeinsam mit einer Klasse. Im Gegensatz zur Integration sollen bei der Inklusion beide Lehrkräfte für alle Schülerinnen und Schüler zuständig sein, die Absteckung der Kompetenzbereiche entfällt (vgl. Amrhein, 2011, S. 19; Moser & Lütje-Klose, 2016, S. 177). Es kommt dabei zum sogenannten Co-Teaching, was bedeutet, dass „two or more professionals [deliver] substantive instruction to a diverse, or blended, group of students in a single physical space" (Cook & Friend, 1995, S. 3). Wie bereits durch einige Studien der Integrationsforschung dargestellt wurde, bedeutet die Zusammenarbeit mit einer weiteren Lehrkraft eine höhere Belastung bei gleichzeitiger Entlastung. Eine funktionierende Teamarbeit erfordert viel Zeit für gemeinsame Absprachen und häufig eine detailliertere Planung. Im Schulalltag ist es sehr schwirig die nötige Zeit zu finden, da sie von den Schulen oft nicht zur Verfügung gestellt oder eingeplant wird. Auf der anderen Seite werden die Lehrkräfte entlastet, da sie den Unterricht nicht mehr alleine stemmen müssen und die Verantwortung auf mehrere Personen aufgeteilt werden kann (vgl. König et al., 2015, S. 39; Werning, 2014, S. 615). Zusätzlich bringen Förderschullehrkräfte einen frischen Wind und ein anderes Fachwissen an die Schulen. Die Regel- und die Förderschullehrkraft können dann gemeinsam „neue Methoden" sowie „neue Lern-, Arbeits- und Lehrmittel" (Heubach, 2013, S. 44) erarbeiten. Wichtig in dieser Hinsicht ist, dass die beiden Lehrkräfte offen für Sichtweisen und Konzepte des jeweils anderen sind (vgl. König et al., 2015, S. 10). „Damit Kooperation auf der interpersonellen Ebene erfolgreich möglich wird, bedarf es eines funktionierenden Austauschs, gegenseitiger Akzeptanz und Wertschätzung, klarer Absprachen in Bezug auf Rollen und Funktionen sowie gemeinsame Ziele [...]" (Siedenbiedel & Theurer, 2015b, S. 70). Diese neue Ausrichtung des Lehrberufs wurde 2011 ebenfalls von der KMK festgehalten:

> Lehrerinnen und Lehrer mit unterschiedlichen Lehrämtern und Ausbildungen sind gemeinsam für die unterrichtlichen Bildungs-, Beratungs- und Unterstützungs-angebote verantwortlich. Dies kann eine gemeinsam durchgeführte und verantwortete Diagnostik, die Planung und Realisierung des unterrichtlichen Lernangebots, angemessene Bildungs-, Beratungs- und Unterstützungsangebote, Leistungsmessung und -bewertung und die Vergabe von Abschlüssen, bis hin zur

> Kooperation mit weiteren Partnern im Umfeld der Schule und in der Region umfassen. Zugleich sind die spezifischen Erkenntnisse und Erfahrungen des weiteren Personals in die Gestaltung der Bildungs- und Erziehungsprozesse aufzunehmen (S. 19).

Zugleich bedeutet dies, dass zu den multiprofessionellen Teams nicht alleine die verschiedenen Lehrkräfte gehören, sondern ebenfalls Schulbegleiter und -assistenten, verschiedene Therapeuten sowie die Mitglieder der Schulleitung. Erst durch eine funktionierende Kooperation innerhalb und außerhalb des Klassenzimmers kann Inklusion gelingen (vgl. Moser & Lütje-Klose, 2016, S. 75 & 93).

Neben der personellen Veränderung, ist ebenfalls eine Veränderung der organisatorischen Bedingungen notwendig. Das bedeutet zum einen, dass die Klassenräume den neuen Methoden und Bedürfnissen angepasst werden müssen, zum anderen die Anzahl der Schülerinnen und Schüler einer Klasse verändert werden muss. Der erste Punkt kann für eine Schule bauliche Veränderungen bedeuten, so dass alle Räume und sanitären Anlagen behindertengerecht gestaltet werden und für alle zugänglich sind. Gleichzeitig kann dies auch bedeuten, dass die Einrichtung der Klassenzimmer verändert werden muss; weniger Tische, um die Fortbewegung mit einem Rollstuhl zu ermöglichen oder um mehr Platz für freies Arbeiten sowie das Arbeiten in Gruppen zu schaffen, spezielle Stühle und Tische für verschiedene Beeinträchtigungen, oder die Bereitstellung eines Rückzugsraumes. Die Klassenstärke sollte sich an der Praxis der Förderschulen orientieren. Diese arbeitet mit mehr Klassen, dafür aber mit weniger Schülerinnen und Schülern pro Klasse. Eine solche Umgestaltung ermöglicht es den Lehrkräften besser auf einzelne einzugehen und die ganze Klasse im Blick zu behalten. Für Inklusionsklassen bedeutet dies, dass der Anteil der Schülerinnen und Schüler verringert wird und die Anzahl der Kinder mit sonderpädagogischem Förderbedarf limitiert wird (vgl. Balz et al., 2012, S. 70; Speck, 2011, S. 30 & 47-48).

Eine weitere organisatorische Praxis, welche im inklusiven Schulsystem überwunden werden muss, ist die bis dato durchgeführte "Abschiebung" in niedrigere Schularten. Schülerinnen und Schüler, die unter Problemen im Leistungs-, oder Verhaltensbereich leiden, benötigen Hilfe und Unterstützung.

Sie in Förderklassen abzuschieben führt, wie bereits gesehen werden konnte, zu mehr negativen als positiven Effekten. Die Schulen müssen sich um eine adäquate Lösung bemühen, die alle Beteiligten einschließt und einen Verbleib der Kinder in ihren Klassen ermöglicht (vgl. Jürgens & Miller, 2013, S. 183-184).

Zusätzlich zu den beschriebenen Veränderungen benötigt es „flexibilisierte Curricula, Methoden, Materialien, Medien und Schulbücher" (Blum & Diegelmann, 2014, S. 7), die an die Ansprüche des inklusiven Unterrichts angepasst sind. Welche Methoden sich für einen solchen Unterricht eigenen, zeigt der folgende Abschnitt.

5.5.2 Methoden

> Ein Pädagoge solle sich der Tatsache bewusst sein, dass Schulklassen von Heterogenität geprägt sind – längst nicht nur im Sinne der KuJ mit und ohne Behinderung, sondern unter anderem auch dem sozialen Milieu und der ethischen Herkunft.
> Jeder Schüler lernt **anders**, denkt **anders** – ist schlicht und ergreifend **anders** als alle anderen (Heubach, 2013, S. 44; Hervorhebungen durch Verfasserin).

Lehrkräfte, die diesem Umstand Rechnung tragen möchten und durch die Inklusion auch dazu verpflichtet sind, müssen ihren Unterricht auf die neuen Bedürfnisse umstellen. Jedes Kind muss in seiner Eigenheit anerkannt, wertgeschätzt und gefördert werden. Das heißt, dass „[j]edes Kind [...] willkommen sein [muss], sei es ein begabtes oder ein lernschwaches, ein armes oder reiches, ein deutsches oder ein Immigrantenkind" (Speck, 2011, S. 79). Es kommt zu einer Zunahme der Heterogenität der Schülerschaft, welche gekennzeichnet ist durch unterschiedlichste „Lerninteressen und -motivationen, Einstellungen zu Lernen und Schule, sozialen und leistungsbezogenen Kompetenzen [und] Grundfähigkeiten (Moser & Lütje-Klose, 2016, S. 20). Die Unterrichtsmethoden müssen demnach so umgestaltet werden, dass sie allen Kindern einer Klasse gerecht werden. Das heißt, dass „das Individuum mit seinen persönlichen Besonderheiten, Ressourcen und Herausforderungen Ausgangspunkt jeglichen Nachdenkens im Kontext" (König et al., 2015, S. 53) der Unterrichtsplanung sein muss. Nachfolgend werden verschiedene Aspekte der Unterrichtsgestaltung beleuchtet, die für einen individualisierten, inklusiven Unterricht nötig sind.

Entscheidend für einen solchen Unterricht ist ein klarer Aufbau. Die Schülerinnen und Schüler müssen genau wissen, was wann von ihnen erwartet wird. Eine hohe Heterogenität und unterschiedliche Bedürfnisse machen es noch wichtiger als zuvor, dass die Unterrichtseinheiten strukturiert und von klaren Regeln bestimmt werden. Dabei geht es nicht darum, dass die Schulstunden exakt im 45-Minuten-Takt ablaufen, sondern dass die Schülerinnen und Schüler Anhaltspunkte haben, die ihren Schulalltag strukturieren und ihnen bei der Orientierung helfen. Neben einer klaren äußeren Strukturierung des Schulalltags, muss für die Kinder auch eine inhaltliche Klarheit herrschen. Dies bedeutet, dass die Unterrichtsthemen für sie verständlich und ihrem Niveau entsprechend aufbereitet werden. Die Schülerinnen und Schüler müssen sich von den Lehrkräften und ebenso gegenseitig anerkannt fühlen, damit ein lernförderliches und angenehmes Klassenklima entsteht, das die Lernprozesse aller unterstützt. Durch die hohe Heterogenität jeder Klasse sind die Lehrkräfte dazu aufgefordert, individuell auf jedes Kind einzugehen und benötigen daher viele verschiedene Methoden (vgl. Jürgens & Miller, 2013, S. 182). Diese neue Methodenvielfalt äußert sich ebenso in der neuen Ausrichtung des Unterrichts. Gemäß Reich sollte darauf geachtet werden, dass nur 30% des Unterrichts frontal stattfinden und 70% des Unterrichts für kooperative oder andere Methoden verwendet werden. Wichtig ist eine gute Mischung der unterschiedlichen Methoden (vgl. 2014, S. 318). Neben den klassischen Instruktionen sollen die Schülerinnen und Schüler an Projekten und Werkstätten sowie in Lernlandschaften lernen und arbeiten. Die Bedeutung der einzelnen Bereiche kann untenstehender Abbildung entnommen werden.

Abbildung 12: *Inklusive Methoden in Lernkontexten*
(Reich, 2014, S. 315)

Diese Unterrichtsformen gehen zurück auf die Konzepte der „Individualisierung und Differenzierung, aber auch [auf] offene Unterrichtsformen, kooperative Formen des Lernens sowie de[s] adaptive Unterricht[s]" (Blömer et al., 2015, S. 17).

Die Konzepte der *Individualisierung* und *Differenzierung* basiert auf der Annahme, „dass Lernen ein individueller, auf den persönlichen Vorerfahrungen, Kompetenzen, Motivationen und Interessenlagen aufbauender, sozialer Prozess ist" (Wansing & Westphal, 2014, S. 170). Dieser Prozess verfolgt einen zieldifferenten Ansatz, was bedeutet, dass jede Schülerin und jeder Schüler einem eigenen, individuellen Lehr- und Lernplan folgt, der auf seine Bedürfnisse und Möglichkeiten abgestimmt ist und dabei unterschiedliche Ziele verfolgt. Um diesem Anspruch gerecht zu werden, müssen der Lern- und Entwicklungsstand jedes einzelnen Kindes genau betrachtet und evaluiert werden. Auf dieser Grundlage wird dann ein Förderplan für jedes Kind erstellt. Neben individuellen Plänen werden differenzierte Lernmaterialien benötigt, welche die individuelle Förderung unterstützen, jedoch einer Überforderung vorbeugen. Das Gegenteil dazu ist die zielgleiche Praxis und eine „One-size-fits-all-Pädagogik" (Ruin et al., 2016, S. 19). In ihnen sollen alle Kinder mit identischen Methoden das gleiche Lernen und die einheitliche Ziele erreichen (vgl. Stellbrink, 2012, S. 88; Blömer et al., 2012, S. 17).

Offene Unterrichtsformen stellen eine große Herausforderung für alle Schülerinnen und Schüler dar, jedoch werden sie von Kuhl et al. als „inklusivstes Unterrichtsprinzip" (2015, S. 27) bezeichnet. Wichtig hierbei ist, dass Schülerinnen und Schüler auf der einen Seite klare Anweisungen und Regeln brauchen, auf der anderen Seite frei über ihren Lernprozess bestimmen sollen, damit sie ein selbstständiges Arbeiten und unterschiedliche Lernstrategien erlernen. Durch offene Unterrichtsmethoden erhalten die Kinder ein Mitspracherecht und gestalten aktiv ihre eigenen Lernprozesse. Diese müssen sie reflektieren und selbst bewerten, was gleichzeitig zu einer höheren Verantwortung für ihre eigenen Lernerfolge und damit zu mehr Lernmotivation führt. Mögliche Formen des offenen Unterrichts sind Freiarbeit, Wochenpläne oder Projekte (vgl. Blömer, 2012, S. 17; Oymanns, 2015, S. 33).

Kooperatives Lernen in der Gruppe ist für alle Schülerinnen und Schüler wichtig, da es ihre sozialen Kompetenzen fördert und zum Abbau vieler Vorurteile dient. Interaktion wird von Oymanns als „entscheidender Faktor der Lernprozesse" (2015, S. 29) betrachtet. Daher ist es für kooperative Lernformen wichtig, dass die Kinder auf einander angewiesen sind. Das bedeutet, dass die Aufgaben nur dann bewältigt werden können, wenn alle Kinder an der Lösung beteiligt sind. Lehrkräfte müssen solche Aufgaben entsprechend genau durchdenken und zusammenstellen. Ziel dieser Lernformen ist es, dass *alle* Kinder etwas lernen und *alle* Kinder etwas beitragen können (vgl. Blömer, 2012, S. 18). Hintergrund dieser Lernformen ist der Gedanke, dass „[w]ie unterschiedlich Kinder in ihren Lernvoraussetzungen und -fähigkeiten auch sein mögen – gemeinsam, in gegenseitiger Anregung, Unterstützung und Hilfe lernen sie erfolgreicher und werden in ihrer Persönlichkeitsentwicklung besser gefördert" (Valtin et al., 1984, S. 9).

Offene Unterrichtsformen und kooperatives Lernen gehen mit einer entscheidenden Rollenveränderung der Lehrkräfte sowie Schülerinnen und Schüler einher. Letztere sind nun keine „passive[n] Rezipienten" mehr, sondern „aktive Gestalter" (Oymanns, 2015, S. 33). Erstere sind nicht mehr die alleinigen Wissensvermittler, die ihr Wissen von der Tafel an die Schülerinnen und Schüler weitergeben, sondern werden durch den Rollenwechsel als „Mehrwisser, Impulsgeber, Planer, Helfer, Berater, Ermöglicher, Moderator,

Visionär, Evaluateur und vieles mehr" (Reich, 2008, S. 26) angesehen. Lehrkräfte stehen dieser Rollenentwicklung skeptisch gegenüber, jedoch müssen sie erkennen, dass „[d]ie Perspektive ‚Lernprozessbegleiter' […] keine Dequalifizierung und Abwertung der Lehrer in der neuen Rolle [darstellen], sondern eine Herausforderung in der Steigerung der Komplexität und Teil des Paradigmenwechsels" (Oymanns, 2015, S. 33).

Das letzte Konzept ist der *adaptive Unterricht*. Dieser geht davon aus, dass „derselbe Unterricht nicht für alle Kinder dieselben Wirkungen hat" (Blömer, 2012, S. 18) und geht damit in die Richtung der Individualisierung und Differenzierung. Lernangebote und Aufgabenformate müssen an die unterschiedlichen Lerntypen der Schülerinnen und Schüler angepasst werden. Die inklusive Didaktik verlangt einen mehrperspektivischen Ansatz. Das heißt, dass Unterrichtsinhalte von vielen verschiedenen Ebenen betrachtet und entsprechend aufgearbeitet werden müssen. Dazu gehören der Einbezug verschiedener Lernstrategien, die Beachtung unterschiedlicher Wahrnehmungsweisen, auch hinsichtlich sozio-kultureller Zusammenhänge sowie verschiedener Entwicklungsniveaus (vgl. Balz et al., 2012, S. 185). Ein solcher Zugang zu Lerninhalten und -formen sorgt dafür, dass alle Kinder am Lernprozess teilhaben können und nicht aktiv ausgeschlossen werden (vgl. UNESCO, 2010, S. 16). Von Lehrkräften verlangt dies ein funktionierendes „Zusammenspiel von Sachkompetenz, diagnostischer Kompetenz, didaktischer Kompetenz und Klassenführungskompetenz" (Blömer, 2012, S. 18) und stellt somit eine große Herausforderung dar.

Ein Unterricht, der sich an diesen Konzepten orientiert, ist geprägt von vielen Übungen und Beispielen, die es den Schülerinnen und Schülern ermöglichen Erfahrungen zu sammeln und ihre Lernprozesse aktiv zu gestalten (vgl. UNESCO, 2010, S. 20; Werning, 2014, S. 613). In diesem Zusammenhang findet Wockens *Theorie gemeinsamer Lernsituationen* Anwendung. Er teilt das Unterrichtsgeschehen in verschiedene Phasen ein, die auch für einen inklusiven Schulunterricht genutzt werden können. Insgesamt gibt es vier Lernsituationen: die koexistente, die kommunikative, die subsidiäre und die kooperative. Die *koexistente* Lernsituation ist durch Individualität und persönliche Ziele gekennzeichnet. Alle Schülerinnen und Schüler arbeiten selbstständig und für sich. Bei der *kommunikativen* Lernsituation müssen die Kinder zusammen in Gruppen arbeiten, sie sind aufeinander angewiesen und sollen sich gegenseitig helfen. Im Zentrum steht die Interaktion, Ziele werden nebensächlich. *Subsidiäre* Lernsituationen sind vergleichbar mit koexistenten, mit dem Unterschied, dass Schülerinnen und Schüler sich punktuell helfen, wenn sie mit einer Aufgabe nicht mehr weiterkommen. Bei *kooperativen* Lernsituationen verfolgen alle Schülerinnen und Schüler ihre eigenen Ziele, jedoch sind sie auf die Unterstützung und Hilfe der anderen angewiesen, da sie ihre Ziele sonst nicht erreichen können (vgl. Wocken 1998, S. 4-10). All diese Methoden sollten im inklusiven Unterricht angewendet werden. Wichtig ist dabei

> [...] die Balance zu wahren, zwischen individuellen Lernangeboten einerseits, damit jedes Kind zu seinen Möglichkeiten findet, und gemeinsamen Lernsituationen andererseits, damit die soziale Integration der Kindergruppe gefördert wird. Das Grundproblem eines integrativen Unterrichts besteht also darin, verschiedene Kinder gemeinsam zu fördern, und zwar so, daß sowohl die Verschiedenheit der Kinder als auch die Gemeinsamkeit der Gruppe zu ihrem Recht kommen (Wocken, 1998, S. 3).

Damit ein inklusiver Unterricht gelingt, reicht es allerdings nicht, dass einzig viele unterschiedliche Methoden verwendet werden, ihre Qualität muss adäquat sein. Die Qualität spiegelt sich zum einen in der Aufbereitung der Inhalte und Aufgaben wider, zum anderen kann sie auch in der Atmosphäre im Klassenzimmer gefunden werden. Diese wird bestimmt durch die Unterrichtsgestaltung, durch das Miteinander der Kinder und durch ihre Beziehung zur Lehrkraft.

> Inklusion will die *Teilhabe* von einzelnen an der Gemeinschaft ermöglichen sowie die Barrieren für eine solche Teilhabe erkennen und aktiv beseitigen. Teilhaben bedeutet mehr als nur dabei sein, sondern erfordert: sich *wohlfühlen* und *anerkannt* sein, *mitwirken* und *mitentscheiden* können, Kontakte, *Freundschaften finden* und *kooperieren* und *profitieren, lernen, sich weiter entwickeln* (Reich, 2012, S. 212; Hervorhebungen durch Autor).

Um die Beziehung zwischen Lehrkräften und Schülerinnen und Schülern positiv zu beeinflussen, sollten alle Lehrkräfte persönlich auf die einzelnen Schülerinnen und Schüler eingehen, ihnen Anerkennung und Respekt entgegenbringen und ihre Fortschritte sowie Bemühungen loben (vgl. Speck, 2011, S. 72; Degener & Diehl, 2015, S. 151; Ahrbeck, 2014, S. 16). Ziel ist „eine *Gemeinschaftlichkeit* [...], die einerseits das Wohlbefinden des einzelnen

Schülers erhöht und sich andererseits auch positiv auf die Lernmotivation und Lernerfolge auswirkt" (Speck, 2011, S. 29; Hervorhebung durch Autor).

Zu ähnlichen Erkenntnissen wie Blömer et al. kam Werning. Er beschreibt zehn Komponenten, denen ein erfolgreicher inklusiver Unterricht folgen muss und die sich zu einem großen Teil mit den oben beschriebenen Konzepten und Methoden decken.

1. Kommunikation der Unterrichtsziele und Erfolgskriterien
2. Zerlegung der Aufgaben in Teilschritte
3. Anpassung der Schwierigkeiten der Aufgaben an die Schülerfähigkeit, so dass Bearbeitung und Lösung kognitiv herausfordernd sind, aber im Bereich der proximalen Entwicklung liegen
4. Arbeiten mit strukturiertem Material und ausgearbeiteten Lösungsbeispielen
5. Regelmäßige Leistungskontrolle
6. Häufiges informationshaltiges Feedback
7. Hinweise auf Strategieverwendung
8. Verteiltes Üben und Wiederholen
9. Interaktive Arbeitsformen in kleinen Gruppen
10. Vergabe von Zusatzaufgaben (2014, S. 614).

Inklusiver Unterricht baut auf vielen unterschiedlichen Bausteinen auf, die zusammen zu einem guten, funktionierenden, *gemeinsamen* Unterricht aller Schülerinnen und Schüler führt. Zusammenfassen lässt sich guter gemeinsamer Unterricht als

> Lernen mit allen Sinnen, Lernen durch Handeln, häufigerer Wechsel der Sozialformen, kommunikatives Lernen (Peer-Peer-Lernen), Lernen durch verstärkte Partizipation (Einführung von Wahlmöglichkeiten beim Anspruchsniveau, bei Teilthemen, Zeitdauer, Medien, Sozialformen, Präsentationsarten), Verantwortungsübergabe auch an ‚schwierige' Schüler/innen, bei Teamarbeit Förderung im Raum, also die Realisierung des ‚4-Augen-Prinzips', individuelle Zielvereinbarungen in Entwicklungsgesprächen mit allen Schülern und durch schriftliche Förderpläne bei Schülern mit besonderem Förderbedarf, und nicht zuletzt die Einführung transparenter Rechenschaftslegung bzw. Dokumentation des Erreichens von Zielvereinbarungen, etwa in Lernbüchern oder Portfolios (Jürgens & Miller, 2013, S. 182).

Die vorgestellten Rahmenbedingungen und Methoden lassen sich jedoch nicht ohne weiteres ein- und durchführen, weshalb es zu vielfältigen Problemen und Schwierigkeiten kommen kann. Welche das genau sind, ist Thema der folgenden Abschnitte.

5.5.3 Probleme

Wie in den vorhergegangen Abschnitten gesehen werden konnte, stellt Inklusion Lehrkräfte vor viele neue Herausforderungen, aber auch vor viele Probleme. Jene, welche direkt den Unterricht betreffen, sollen hier besprochen werden.

Lehrkräfte inklusiver Klassen müssen individuell auf ihre Schülerinnen und Schüler eingehen. Dafür benötigen sie sehr viel Arbeitsmaterial. Für jedes Niveau und jede Beeinträchtigung muss das richtige vorhanden sein oder erstellt werden. Zurzeit sind die nötigen differenzierten Unterrichtsmaterialen noch nicht vorhanden und Lehrkräfte müssen diese selber herstellen. Für die Lehrkräfte äußert sich dies in einem erhöhten Arbeitsaufwand, welcher zu ihren alltäglichen Aufgaben dazu kommt. Ein weiteres Problem stellen Verbalzeugnisse dar. Viele Kinder mit Beeinträchtigung haben Anspruch auf ein solches Zeugnis, jedoch weisen die Lehrkräfte der Regelklassen keine Erfahrung damit auf. Dies kann zur Überforderung der Lehrkräfte beitragen und bringt mit Sicherheit einen Mehraufwand für sie mit (vgl. Blum & Diegelmann, 2014, S. 52 & 57).

Vor großen Problemen stehen Lehrkräfte, wenn sie an die Grenzen ihrer kreativen, pädagogischen und persönlichen Fähigkeiten kommen (vgl. Speck, 2011, S. 73). Individualisierung wird gewünscht und von ihnen erwartet, allerdings erreicht jede Lehrkraft einen Punkt, an dem dies nicht mehr möglich ist. Zum einen kann es sein, dass das Curricula die nötige Differenzierung nicht zulässt, zum anderen können die Differenzen der Schülerinnen und Schüler einfach zu groß sein. Dazu Kahlert und Heimlich:

> Individualisierung ist nicht immer möglich, Diagnose ist immer begrenzt. Selbst die emphatischsten Lehrkräfte können einzelnen Schülern/-innen nur begrenzt Aufmerksamkeit bieten. [...] Und die kreativsten Lehrkräfte stoßen mit ihren Differenzierungsideen an Grenzen aufeinander aufbauender Curricula (2012, S. 155).

Dies bedeutet, dass es Grenzen bei der Inklusion gibt, da die Menschen, die für sie zuständig sind, an ihre Grenzen stoßen. Zu diesen Grenzen können jedoch nicht nur die Fähigkeiten der Lehrkräfte führen, sondern auch die Kinder selbst. Kinder mit Beeinträchtigung können aus dem inklusiven Unterricht ausgeschlossen werden, wenn eine gemeinsame Beschulung unter keinen Umständen möglich ist. Dies ist beispielsweise dann gegeben, wenn ein Kind solch starke Beeinträchtigungen aufweist, dass es das Lernen für die anderen Kinder unmöglich macht. Häufig ist dies der Fall bei extrem verhaltensauffälligen Kindern. Sie benötigen oft zusätzlich ärztliche oder therapeutische Hilfe, die ihnen in der Schule nicht gegeben werden kann (vgl. Blum & Diegelmann, 2014, S. 59 & 65). Der Ausschluss einen solchen Kindes aus der Regelklasse ist die allerletzte Möglichkeit, die in Anspruch genommen werden sollte und nur als Ausnahme zu betrachten. Die gemeinsame Beschulung aller Kinder sollte immer Vorrang genießen, solange sich diese als pädagogisch vertret- und verantwortbar zeigt (vgl. Hensen et al., 2014, S. 254; Ahrbeck, 2015, S. 15). Ebenfalls dieser Meinung ist Speck wenn er sagt, dass „[n]icht jede Vielfalt […] sich in erfolgreicheres Lernen umsetzten [lässt]" (2011, S. 73).

Wie bereits beschrieben wurde, sehen sich Lehrkräfte einer neuen Rolle gegenüber. Sie befinden sich in der Regel nicht mehr alleine vor einer Klasse, sondern teilen sich ihre Verantwortung mit einer weiteren Lehrkraft. Dies kann zu vielfältigen Konflikten führen, die sich negativ auf den Unterricht auswirken. Die zuständigen Lehrkräfte einer Klasse müssen sich über den Unterricht und die Schülerinnen und Schüler sowie die Planung der Unterrichtseinheiten unterhalten. Dies verlangt von beiden eine hohe Kooperationsbereitschaft, die beeinträchtigt werden kann durch mangelnde Zeit, nicht vorhandene Zugeständnisse und unklare Zuteilung der Arbeiten. Erschwerend kommt die zwischenmenschliche Beziehung der Lehrkräfte hinzu. Diese kann von Konflikten oder Autoritätskämpfen gekennzeichnet sein, welche sich nicht förderlich auf den Unterricht und somit die Klasse und das Klassenklima auswirken (vgl. Moser & Lütje-Klose, 2016, S. 143).

Die folgende Tabelle stellt die Probleme des inklusiven Unterrichts aus Sicht der Lehrkräfte zusammen. Gesammelt wurden die nachstehenden Lehrerantworten im Rahmen eines Inklusions-Projekts an saarländischen Schulen.

Tabelle 6: Probleme des inklusiven Unterrichts
(Siedenbiedel & Theurer, 2015a, S. 207)

Hauptkategorie	Subkategorie
Rahmenbedingungen	fehlende Räumlichkeiten
	Klassengröße
	Ressourcenbeschaffung
Umgang mit Heterogenität	Differenzierung nur Stundenweise
	individuelle Differenzierung
	kompetenzorientierte Zeugnisse
	klassische Noten
	Anzahl der Klassenarbeiten
	Widerspruch äußere vs. innere Differenzierung
	manche Schüler verlassen sich zu sehr auf Hilfe
	Qualität der Lernmaterialien
	[...]
Personal	Personalschlüssel
	fehlende Ausbildung (für best. Förderbereiche)
	kein Ersatz für kranke Förderschullehrer
	fehlende Integrationshelfer
	Ausbildung der Integrationshelfer
Zeit	zu wenig Zeit für Schüler
	zu wenig Zeit für Besprechung und Planung
	zu wenig Zeit für Teamteaching
	hoher Zeitaufwand für differenzierte Bewertungen

Nachdem nun die Probleme für den Unterricht im speziellen betrachtet wurden, widmet sich nachfolgender Abschnitt eher allgemeine Schwierigkeiten, die dem bestehenden Schulsystem, der Klassifizierungspraxis und der Einstellung weiterer Akteure geschuldet sind.

5.6 Schwierigkeiten für eine erfolgreiche Inklusion

Inklusive Prozesse sehen sich vielen Schwierigkeiten gegenüber, die von außen an die Schule und somit an den Unterricht herangetragen werden. Folgend wird das Etikettierungs-Ressourcen-Dilemma beschrieben, auf das

Generalisten-Spezialisten-Verhältnis eingegangen sowie die Bedeutung der Einstellung verschiedener Akteure und die Praxis der Bildungsstandards und Benotung betrachtet.

5.6.1 Etikettierungs-Ressourcen-Dilemma

Die heutige Gesellschaft und viele Gesellschaften davor, haben ihr Leben nach Kategorien und Klassifizierungen aufgebaut. Menschen wurden und werden verschiedenen Ständen oder Kasten zugeteilt, gehören zu den Gläubigen oder Ungläubigen, sind männlich oder weiblich. Solche Zuordnungen bestimmen das tägliche Leben und dienen als Orientierungshilfen für zwischenmenschliche Begegnungen. Die Angehörigkeit zu einer Gruppe bestimmt über Zugehörigkeit und Ausgrenzung, über Privilegien oder Benachteiligungen. Solche Klassifikationen können objektiv als Instrumente des sozialen Lebens verstanden werden. Sie teilen Individuen auf, ordnen sie einzelnen Gruppen zu, steuern und stabilisieren die Gesellschaft. Im Bildungsbereich unterliegen alle Akteure einer Klassifikation. Diese dient zum einen der Leistungsbewertung und der Einteilung in verschiedene Schultypen, zum anderen der Etikettierung verschiedener Förderbedarfe. Diese Etikettierungen erlangen in Bezug auf den Sozialstaat entscheidende Bedeutung, da nur durch solch offizielle Klassifizierungen die nötigen Ressourcen freigegeben und die entsprechenden Rechte anerkannt werden (vgl. Moser & Lütje-Klose, 2016, S. 60-64). Folgendes Beispiel soll helfen, dies zu verdeutlichen: Menschen, die auf einen Rollstuhl angewiesen sind, müssen einen Behindertenausweise beantragen. Durch diesen bekommen das sie Recht, auf den für sie ausgewiesenen Parkplätzen zu parken. Beantragen sie die nötigen Ausweise nicht, ist es ihnen nicht erlaubt ihr Auto auf den gekennzeichneten Parkplätzen abzustellen. Bei einer Kontrolle würden sie, wie alle anderen auch, eine Geldstrafe erhalten. Durch die Klassifizierung wird versucht „der sozialen und kulturellen Benachteiligung zu begegnen oder sie gar zu kompensieren" (Wansing & Westphal, 2014, S. 176-177). Im Kontext der Schule werden Schülerinnen und Schüler mit einem sonderpädagogischen Förderbedarf etikettiert. Durch diese Etikettierung erhalten sie das Recht auf eine spezielle Förderung, die gezielt ihre Situation in den Blick nimmt oder auf zusätzliche Unterstützung bei der Bewältigung alltäglicher Aufgaben. Die zusätzlichen Angebote sind für die

Betroffenen wichtig und nötig. Allerdings geht mit der Klassifizierung häufig eine negative Stigmatisierung einher. Diese kann sich in zusätzlicher Diskriminierung oder durch tiefere Leistungserwartungen bei Lehrkräften, Eltern und Gleichaltrigen äußern. Dieser Zustand wurde von Füssel und Kretschmann (1993, S. 49) erstmals als *Etikettierungs-Ressourcen-Dilemma* beschrieben. Auf der einen Seite werden die Klassifizierungen benötigt, damit die Kinder zu den ihnen zustehenden Rechten und Ressourcen kommen, auf der anderen Seite hat dies oft eine negative Stigmatisierung und Stereotypenbildung zur Folge (vgl. Moser & Lütje-Klose, 2016, S. 64-65). Es kommt zu einer „Vermischung positiver (Erhalt der sonderpädagogischen Förderung) und negativer (Etikettierung des Kindes) Wirkungen des Feststellverfahrens" (Kuhl et al., 2015, S. 60). Im Folgenden werden die Argumente für und gegen eine Abschaffung der Klassifizierungen im Kontext der Inklusion dargestellt.

Im Sinne der Inklusion soll jegliche Klassifikation überwunden werden, keine Schülerin und kein Schüler soll mehr etikettiert werden. Es wird kritisiert, dass den Kindern durch eine sonderpädagogische Förderung und der normalerweise damit einhergehenden Separation, wichtige Lernopportunitäten vorenthalten werden (vgl. Stellbrink, 2012, S. 85; Wansing & Westphal, 2014 S. 178). Aus diesem Grund fordern Vertreter der Inklusion eine grundsätzliche Dekategorisierung, damit Menschen nicht mehr auf ein Merkmal reduziert werden, sondern als Ganzes angenommen werden. Zusätzlich können Klassifizierungen die Identität der betroffenen Personen formen. Es ist bekannt, dass gerade die Etikettierung mit einem sonderpädagogischem Förderbedarf sehr starke Auswirkungen auf die Betroffenen und ihr Umfeld haben. Zum einen stellen die Förderschulen im aktuellen Schulwesen die unterste Stufe dar, zum anderen besteht eine starke Verknüpfung zwischen den einzelnen Förderschwerpunkten und medizinischen Begriffen. Dieser Umstand verstärkt die negativen Stereotypen, da die Beschreibungen für Behinderungen und Beeinträchtigungen noch immer defizitorientiert und somit negativ sind (vgl. Moser & Lütje-Klose, 2016, S. 44-45 & 70-71). „Kategorien betonen und verstärken Unterschiede zwischen Menschen, unterstützen generell selektives Denken im Bildungssystem und legitimieren so den Fortbestand segregierender Strukturen" (Boban, Hinz, Plate & Tiedeken, 2014, S. 21).

Das Fortführen der Etikettierungs-Praxis kann im Kontext der inklusiven Schule zu einem weiteren negativen Effekt führen: Der massenhaften Etikettierung von Kindern mit einem sonderpädagogischen Förderbedarf (vgl. Speck, 2011, S. 103). Schulleitungen, Lehrkräfte und ebenso Eltern sind sich bewusst, dass eine entsprechende Etikettierung zu zusätzlichen finanziellen Mitteln, Ressourcen und Lehrerarbeitsstellen führen kann. „Denn immer noch gilt die Formel: Je höher die Zahl der Schüler mit sonderpädagogischem Förderbedarf, desto höher die zusätzlichen Ressourcen" (Amrhein, 2011, S. 22).

Die komplette Abschaffung solcher Etikettierungen muss dennoch kritisch hinterfragt werden. Denn laut KMK haben nur jene Kinder einen Anspruch auf sonderpädagogische Förderung, die „in ihren Bildungs-, Lern- und Entwicklungsmöglichkeiten so eingeschränkt sind, dass sie im Unterricht der allgemeinen Schule auch mit Hilfe anderer Dienste nicht hinreichend gefördert werden können" (2000, S. 10). Gibt es keine Klassifizierungen mehr, die Kindern einen sonderpädagogischen Förderbedarf attestieren, verlieren Eltern und Kinder den Rechtsanspruch auf eine spezielle Förderung und Unterstützung. Es liegt dann an den jeweiligen Lehrkräften, die individuelle Situation zu bewerten und angebrachte Fördermaßnahmen zu implementieren. Der rechtliche Anspruch und die damit verbundenen Interventionsmöglichkeiten der Familien gehen verloren, was ihre Position im Bildungssystem ungemein schwächt und oft mit großen Bedenken einhergeht (vgl. Ahrbeck, 2014, S. 12).

Befürworter der Etikettierungs-Praxis argumentieren, dass Klassifizierungen nötig und unvermeidlich sind. Sie organisieren unsere Wahrnehmung, helfen Situationen und Menschen zu bewerten und verringern die Komplexität des sozialen Zusammenlebens. Speziell im Bildungskontext helfen sie bei der Organisation von Ressourcen und der Bereitstellung pädagogischer Unterstützungsleistungen. Sie verhindern, dass Diagnoseprozesse initiiert werden müssen, die im Vorfeld einen hohen zeitlichen Aufwand verlangen. Das Problem der Stigmatisierung soll durch eine offenere Klassifizierung gelöst werden, welche die vorhandenen, sehr restriktiven Etikettierungen ersetzen (vgl. Moser & Lütje-Klose, 2016, S. 65 & 71; Oymanns, 2015, S. 40).

Eine Abhilfe für oben beschriebene Probleme könnte die Bereitstellung von nötigen Ressourcen an gesamte Klassen oder Schulen sein. Diese zusätzlichen

Ressourcen werden dann anteilig auf verschiedene Kinder verteilt, wobei betont werden muss, dass sie auf *alle* Kinder verteilt werden und nicht nur auf solche mit speziellen Förderbedarfen. In jeder Situation werden die Schülerinnen und Schüler individuell betrachtet und diejenigen, die gesonderte Hilfe benötigen, bekommen sie. Die Entscheidung liegt allerdings in den Händen der Schule und der Lehrkräfte (vgl. Kuhl et al., 2015, S. 61). Die Vor- und Nachteile der individuellen Etikettierung sowie der Dekategorisierung werden in der folgenden Tabelle zusammengefasst.

Tabelle 7: (Mögliche) Positive und negative Effekte der Feststellungdiagnostik (Kuhl et al., 2015, S. 63)

Verfahren der Ressourcenzuweisung	Positive Effekte	Negative Effekte
Feststellungsverfahren (Etikettierung)	Individuelle, anspruchskonkretisierende Förderbedarfsfeststellung Zuweisung von Ressourcen Mögliche Zieldifferenzierung Nachteilsausgleich	Gefahr der Förderschulzuweisung/Exklusion Mögliche Stigmatisierung Vorgeschriebene Zieldifferenzierung Verringerte Leistungserwartung
Pauschale Ressourcenzuweisung (keine Etikettierung)	Keine Gefahr der Exklusion Flexibilität der Förderung Keine generell verringerten Leistungserwartungen	Keine formelle Förderbedarfsfeststellung Gefahr des Verlusts/der Einschränkung des individuellen Förderanspruchs Kein Nachteilsausgleich

> [E]s bleibt festzuhalten, dass im Rahmen der integrativen bzw. inklusiven Beschulung das Recht des Kindes auf eine dem Förderschulniveau gleichwertige sonderpädagogische Förderung nach Art. 24 Abs. 2 lit. d-e BRK effektiv gewährleistet sein muss. Dies setzt die Ermittlung des individuellen Förderbedarfs aufgrund einer (drohenden) Behinderung notwendig voraus (Kuhl et al., 2015, S. 61).

Eine tiefgreifende Veränderung der aktuellen Etikettierungs-Praxis ist daher noch nicht in Sicht. Es fehlen praktikable Lösungsansätze und erfolgreiche Beispielschulen, die einen Wechsel im Bildungssystem anstoßen könnten.

Das nächste Problem, welches das aktuelle Bildungssystem bei einem Wechsel hin zu mehr Inklusion behindert, ist das vorhandene „Spezialisten-Generalisten-Verhältnis" (Wansing & Westphal, 2014, S. 167).

5.6.2 Spezialisten-Generalisten-Verhältnis

Die starke Ausdifferenzierung des deutschen Schulsystems führte zu einer ebenso starken Ausdifferenzierung der Lehramtsausbildung. Lehrkräfte wurden und werden noch ausgebildet, die entweder dem einen, oder dem anderen Zweig angehören und in der Regel ihr Leben lang dort unterrichteten. Die Regelschullehrkräfte, in diesem Falle die Generalisten, werden auf relativ homogene Klassen vorbereitet, in denen alle die gleichen Ziele erreichen sollen und am Ende einen bestimmten Abschluss anstreben. Anders bei den Förderschullehrkräften, hier die sogenannten Spezialisten, welche sich auf einen oder mehrere Förderschwerpunkte spezialisieren. Legitimation erhält diese Praxis durch die vorhandene Defizitorientierung. Der Fokus liegt auf dem, was anders ist, auf dem, was von der großen Norm abweicht (vgl. Wansing & Westphal, 2014, S. 166-167). Die vorhandene Praxis erschwert den Wechsel zu einem inklusiven Unterricht. „Die stark konzentrierten Angebote in den […] Förderschwerpunkten erschweren [die] inklusive Umgestaltung, weil sich mit den Standorten auch das Fachpersonal und spezifische Sachausstattungen auf wenige Schulstandorte konzentrieren" (Moser & Lütje-Klose, 2016, S. 34). Eine Umverteilung der Lehrkräfte, aber ebenfalls der spezifischen Sachausstattung erweist sich als schwierig, da von beiden nicht genügend vorhanden sind, um sie gerecht auf alle Regelschulen aufzuteilen. Zugleich verfügen die meisten Schulen nicht über genügend finanzielle Mittel, um sich die benötigten Ressourcen anzuschaffen. Gemäß Heubach kann „materieller Widerstand […] zu einem guten Teil durch Kreativität und gegenseitige Unterstützung überwunden werden. Personeller Widerstand kann jedoch zu einem ernsten Problem werden" (2013, S. 52 & vgl. 76). Genau dieses Problem soll nachfolgend betrachtet werden.

5.6.3 Einstellungen der beteiligten Akteure

Die Einstellungen zur Inklusion der am Prozess beteiligten Akteure spielen eine große Rolle für eine erfolgreiche Umsetzung. In allererste Linie stehen, wie bereits erläutert, die Lehrkräfte und Eltern. Es gibt Lehrkräfte und ebenso Eltern, die keinen Vorteil in der Heterogenität erkennen, sie sogar als Hindernis oder Belastung betrachten (vgl. Leineweber, Meier & Ruin, 2015, S. 9-11). Jedoch lässt sich Inklusion ohne sie nicht umsetzten, ohne sie finden Kinder mit Beeinträchtigung keinen Weg in eine inklusive Schulumgebung. Allerdings sind sie nicht die einzigen, die einer erfolgreichen Inklusion im Wege stehen können. Negative Einstellungen von Seiten der Schulleitung, Elternbeiräten, Inspektoren, Bildungsminister oder auch der Bürger, können den Prozess der Inklusion verlangsamen oder aufhalten (vgl. UNESCO, 2010, S. 20; Heubach, 2013, S. 74).

Negativen Einfluss auf die beteiligten Parteien haben ebenso die veränderten Zuständigkeitsbereiche. In einem inklusiven Schulalltag ist die Zusammenarbeit aller gefordert, dazu gehören die Schulleitung, Regel-, und Förderschullehrkräfte, aber ebenfalls Sozialarbeiter, Psychologen, Einzelfallhelfer, Physiotherapeuten und viele mehr. Dabei kann es zu vielfältigen Konfliktsituationen kommen, da alle sich zuerst in dieser unbekannten Akteurskonstellation zurechtfinden müssen. Im Schlimmsten Falle führen diese Konflikte zu Hierarchiekämpfen zwischen den beteiligten Personen. Aus diesem Grund müssen Aufgaben verteilt werden, Zuständigkeitsbereiche abgesteckt werden und die Fähigkeiten und Kompetenzen aller anerkannt und akzeptiert werden. Geschieht dies nicht mit der nötigen Sorgfalt, verstärkt sich der Unmut aller Beteiligten, welcher sich dann in einer negativen Einstellung gegenüber der Inklusion und häufig gegenüber den betroffenen Schülerinnen und Schüler äußert (vgl. Moser & Lütje-Klose, 2016, S. 37; Heubach, 2013, S. 45). Eine inklusive Schule funktioniert nur dann, wenn alle Akteure in ihr einen höheren Wert sehen und erleben als gegenüber einer separierenden Schule (vgl. Speck, 2011, S. 63).

5.6.4 Bildungsstandards und Bewertung

Der deutsche Schulunterricht kann als „leistungsthematische und damit konkurrenzorientierte Veranstaltung" (Moser & Lütje-Klose, 2016, S. 23) bezeichnet werden. Sowohl Unterricht, als auch die Schullaufbahn werden durch Bildungsstandard und Noten bestimmt. Klieme et al. beschreiben Bildungsstandards als allgemeine Bildungsziele:

> Sie legen fest, welche Kompetenzen Kinder und Jugendliche bis zu einer bestimmten Jahrgangsstufe mindestens erworben haben sollen. Die Kompetenzen werden so konkret beschrieben, dass sie in Aufgabenstellungen umgesetzt und prinzipiell mit Hilfe von Testverfahren erfasst werden können (Klieme, Avenarius, Blum, Döbrich, Gruber, Prenzel, Reiss, Riquarts, Rost, Tenroth & Vollmer, 2003, S. 9).

Die Bildungsstandards dienen demnach den Lehrkräften und ebenso den Schülerinnen und Schülern als Zielvorgaben und Leitlinien. In ihnen ist festgeschrieben, was den Kindern beigebracht werden soll und welches Kompetenzniveau sie am Ende einer Stufe beherrscht sollen. Bildungsstandards dienen den einzelnen Lehrkräften, Schulen und Bundesländern als Feedback-Instrument auf drei Ebenen. Durch sie kann gezeigt werden, ob das Bildungssystem seine Aufgaben erfüllt, sie zeigen, ob die Schulen ihrem Auftrag nachkommen und sie dienen der Diagnose und Bewertung einzelner Schülerinnen und Schüler (vgl. LISUM, 2012, S. 13-14). Die Bewertung ist für alle Kinder und Jugendliche von hoher Bedeutung. Noten entscheiden über ihre Schullaufbahn; über Versetzung und Sitzenbleiben, über das Erreichen eines Abschlusses. Die Funktionen der Benotung sind vielfältig: „Selektion und Sozialisation, Legitimation, Kontrolle und Disziplinierung, Prognose, Information und Diagnose sowie Erziehung […] aber auch wichtige Rückmeldung […] über Lern- und Entwicklungsfortschritte" (Hensen et al., 2014, S. 112), Damit sind sie für das deutsche Schulsystem, das, wie bereits erläutert wurde, durch eine kaum gekannte Selektionspraxis ausgezeichnet ist, von immenser Wichtigkeit. „Statt einer bestmöglichen Förderung der vorhandenen Talente geht es um die Erreichung oder Nichterreichung einer Leistungsnorm, oft noch gekoppelt mit entsprechender Selektion bei Nichterfüllung (König et al., 2015, S. 211). Das diese Praxis zu großen Problemen mit inklusivem Unterricht führt ist offensichtlich. Denn dieser wird durch eine individuelle Förderung bestimmt, die versucht auf jede

Schülerin und jeden Schüler einzeln einzugehen und jeden auf seinem Niveau zu fördern. Standardisierte Prüfungen und Noten können diesem Anspruch jedoch nicht gerecht werden und stehen somit im Widerspruch zu einem inklusiven Schulsystem. Dies führt zu einem Spannungsverhältnis zwischen Standardisierung und Individualität (vgl. Hensen et al., 2014, S. 113; Degener & Diehl, 2015, S. 152; Blömer et al., 2015, S. 20). Denn „[a]uch nach sehr weitgehender Förderung von lernbehinderten Schülerinnen und Schülern wird man sie nicht umstandslos der Konkurrenz von nicht-behinderten Kindern und Jugendlichen aussetzen und ihre Leistung in gleicher Weise beurteilen" (Moser & Lütje-Klose, 2016, S. 22-23). Eine mögliche Lösung für dieses Problem wurde 2010 von der KMK vorgeschlagen. In ihrer *Förderstrategie für leistungsschwächere Schülerinnen und Schüler* wird die individuelle Förderung bestimmt durch die Fähigkeiten jedes einzelnen Kindes. Der aktuelle Entwicklungsstand und die vorhandenen Potentiale sollen bestimmt werden, um darauf aufbauend individuelle Lernpläne zu erstellen. Betont wird in diesem Zusammenhang eine differenzierte Leistungsrückmeldung, welche sich von der aktuellen Praxis unterscheidet (vgl. KMK, 2010, S. 2). Die Förderstrategien, welche die KMK für leistungsschwächere Kinder herausgegeben hat, können ebenfalls auf Kinder mit Beeinträchtigung angewandt werden. Leistungen müssen demnach anders dokumentiert und bewertet werden. Möglichkeiten bieten verbale Zeugnisse, individuelle Portfolios oder die Dokumentation der erworbenen Kompetenzen. Entscheidend ist, dass „jeder Entwicklungsfortschritt […] als Leistung bewertet" (Wilhelm, 2009, S. 107) wird.

Eine Änderung der aktuellen Leistungsbestimmung durch Bildungsstandards und Benotung muss geschehen, soll der Idee der Inklusion entsprochen werden. Es wird jedoch noch viel Arbeit nötig sein, bis sich individualisierte Lehr- und Lernpläne durchsetzen können. Für viele Lehrkräfte ist auch dies ein Neuland, in dem sie keine Erfahrungen besitzen und in dem sie nicht ausgebildet wurden.

Im deutschen Bildungssystem gibt es viele Umstände und Praktiken, welche einem funktionierenden inklusiven Schulunterricht entgegenstehen. Zusammengefasst sind dies die Selektion und die Regelbeschulung, welche Kategorien herstellen, in die Kinder entweder passen oder nicht passen, das

Bewertungssystem mit der Möglichkeit des Sitzenbleibens, der extreme Leistungsdruck, der durch wenig Zeit und hohe Stoffmengen hergestellt wird sowie die vorhandenen bzw. nicht vorhandenen Rahmenbedingungen und Lehrkräfte (vgl. Reich, 2012, S. 81-82). Soll Inklusion funktionieren, dann geht es

> auf der organisatorischen Ebene [...] um die Bereitstellung der notwenigen Ressourcen und Rahmenbedingungen, auf der Schulebene [...] um das Commitment aller am Bildungsprozess Beteiligten, und auf der Ebene des Unterrichts [...] um die Entwicklung von didaktischen Arrangements (Blömer et al., 2012, S. 18).

Sind all diese Bedingungen gegeben, dann kann inklusiver Unterricht jene Vorteile haben, die im nächsten Abschnitt dargestellt werden.

5.7 Vorteile des inklusiven Unterrichts

Einige der Vorteile des inklusiven Unterrichts konnten durch die vorhergehenden Kapitel bereits aufgezeigt werden. Dieser Abschnitt dient der Zusammenfassung der gefundenen Ergebnisse.

Schülerinnen und Schüler, welche eine inklusive Klasse besuchen, kommen tagtäglich mit vielen anderen, unterschiedlichen Kindern in Kontakt. Dies fördert ihr soziales Lernen und zeigt sich in einer größeren Akzeptanz gegenüber Menschen, die anders sind als sie selbst. Es ist bekannt, dass Kinder, die in einer relativ homogenen Umgebung aufgewachsen sind, mit dieser Heterogenität nicht umgehen können. Sie „wissen nicht, wie sie mit KuJ mit Behinderung umgehen sollen und meiden sie dadurch" (Heubach, 2013, S. 70). Inklusiver Unterricht hilft diese Barrieren abzubauen, stärkt das Selbstwertgefühl der Kinder und führt gleichzeitig zu einer Unterstützung des individuellen Lernens, dass durch die oben beschrieben Methoden gefordert und gefördert wird (vgl. Jürgens & Miller, 2013, S. 181). Schülerinnen und Schüler im inklusiven Setting erleben mehr Aufmerksamkeit von Seiten der Lehrkräfte, da diese vollumfänglich für sie verantwortlich sind. Kinder können nicht mehr einfach in Förderschulen "abgeschoben" oder abgegeben werden, sondern jede Lehrkraft muss sich bemühen, die bestmögliche Förderung eines jeden Kindes zu gewährleisten. Des Weiteren dienen inklusive Schulen der Entwicklung der

Gemeinden. Sie transportieren ein Bild, das die Würde der Menschen achtet. Dieses wird durch die Kinder und Lehrkräfte in die Welt außerhalb der Schule getragen und beeinflusst das Miteinander aller Menschen. Gleichzeitig werden dadurch die Chancen der Schülerinnen und Schüler auf dem Arbeitsmarkt verbessert. Auf der einen Seite erreichen viele durch die Inklusion höhere Abschlüsse, auf der anderen Seite werden ihre Eigenheiten von der Umwelt in einem neuen Licht betrachtet und nicht mehr als reines Problem angesehen (vgl. Reich, 2012, S. 85).

Damit all diese Vorteile erreicht werden können und um allen Kindern eine Bildung ohne Diskriminierung zu gewährleisten, müssen vier Grundvoraussetzungen gegeben sein: Erstens müssen Schülerinnen und Schüler Zugang zu den verschiedenen Bildungswegen bekommen und dürfen dabei nicht eingeschränkt werden. Zweitens müssen Kinder mit sonderpädagogischem Förderbedarf von allen, am Prozess beteiligten akzeptiert werden. Drittens muss allen Kindern eine soziale Partizipation ermöglicht werden. Das bedeutet, dass alle aktiv am Unterrichtsgeschehen beteiligt werden müssen. Zu guter Letzt muss bei allen, auf Basis der individuellen Entwicklungsmöglichkeiten, eine Leistungsverbesserung vorhanden sein (vgl. Werning, 2014, S. 607).

Eine Schule, an der das Prinzip der inklusiven Schule erfolgreich umgesetzt wurde, soll hier hervorgehoben werden. Dies ist die Gesamtschule Köln-Holweide. Die Schule fing bereits in den 80er Jahren mit integrativer/inklusiver Beschulung an und zählte zu seiner Schülerschaft sowohl Kinder unterschiedlichster Herkunft, als auch Kinder mit Beeinträchtigungen. In einer Schriftreihe des Kultusministeriums Nordrhein-Westfalen beschreiben die Schulleiterin und verschiedene Lehrkräfte den Schulversuch. Dabei gehen sie auf die Entwicklungen unterschiedlicher Ebenen ein. Es werden Fallbeispiele beschrieben, die Sichtweise der Eltern dargestellt und die Bedeutung der neuen Ausrichtung für Unterrichtsorganisation und -inhalte aufgezeigt. Bereits damals war die Wichtigkeit einer funktionierenden Zusammenarbeit in Lehrteams bekannt. Die Schrift zeigt, wie sich die Einstellungen der Beteiligten geändert haben, mit welchen Problemen sie zu kämpfen hatten und zu welchen Veränderungen der Schulversuch geführt hat. Obwohl dieser Versuch bereits in den 80er Jahren stattgefunden hat, ist er immer noch aktuell. Er beschreibt die gleichen Themen wie diese Arbeit, jedoch aus der Sicht einer Schule, die den Weg zur Anerkennung der Vielfalt bereits gegangen ist (vgl. Harth, et al., 1993).

6 Inklusion und Schulsport

Die Idee der Inklusion gilt nicht nur für den allgemeinen Unterricht, sie soll ebenso im Sportunterricht umgesetzt werden. Viele der bereits beschriebenen Methoden und Vorteile, jedoch auch viele der Probleme, lassen sich auf das Setting des Sportunterrichts übertragen. Im Folgenden sollen jene Merkmale betrachtet werden, die speziell für den Sportunterricht zu beachten sind.

6.1 Bedeutung des Sports

Grundsätzlich ist davon auszugehen, dass alle Menschen, mit und ohne Beeinträchtigung, die gleichen Bedürfnisse haben (vgl. Bundesministerium für Arbeit und Soziales 2013, S. 207). Um diesen Bedüfnissen gerecht zu werden, müssen alle die gleichen Chancen in der Gesellschaft erhalten, was ebenso auf den Bereich des Sportes übertragbar ist. Gemäß Maslow, befinden sich die physiologischen Grundbedürfnisse ganz unten. Sie stüzten die gesamte Pyramide und alle anderen Bedürfnisse bauen auf ihnen auf. Bewegung und Sport gehören zu den physiologischen Grundbedürfnissen und erhalten damit eine enorme Wichtigkeit für die Entwicklungschancen der Kinder (vgl. Heubach, 2013, S. 34). In diesem Sinne dient Sport dazu …

Abbildung 13: Bedürfnispyramide nach Maslow (Baumbach, Anke, Drücker, Ansgar, Fuß, Manfred, Pieper, Jana, Röhm, Ines & Rosellen, Andreas, 2015, S. 19)

- … fit zu werden und zu bleiben.
- … die eigenen körperlichen Grenzen kennenzulernen, auszutesten und gleichzeitig auszubauen.
- … sich selbst und anderen Leistungen zu beweisen.
- … Teil einer Gemeinschaft zu werden; als Quelle der Zugehörigkeit.
- … Ziele zu planen und zu erreichen.
- … sowohl koordinative, als auch kognitive Fähigkeiten und Fertigkeiten zu entwickeln, trainieren und auszubauen.
- … Spielfreude zu erleben und zu erfahren.
- … sich kulturell auszudrücken (vgl. Heubach, 2013, S. 36; Hebbel-Seeger et al., 2013, S. 51).

Sport und Bewegung bieten Kindern und Jugendlichen demnach Möglichkeiten zu vielfältigen Entwicklungen und bereiten sie auf ihr Erwachsenenleben vor. Ähnlich wie das spätere Leben, wird das Sporttreiben durch Erfolge, aber auch durch Rückschläge und Niederlagen ausgezeichnet. Kinder können im Sport lernen, wie sie mit diesen Situationen umgehen können und müssen (vgl. Heubach, 2013, S. 56). Eine Kompetenz, die für alle Kinder von entscheidender Wichtigkeit ist, denn auch Kinder mit sonderpädagogischem Förderbedarf müssen lernen, wie sie „mit Frustration, Enttäuschungen und vielleicht auch Zurückweisungen umgehen" (Blum & Diegelmann, 2014, S. 65) sollen. Aus dem Schulversuch von Köln-Holweide ist bekannt, dass Kinder mit Beeinträchtigung „nach ähnlichen oder gleichen Kriterien von einer Gemeinschaft aufgenommen oder abgelehnt [werden] wie andere Kinder" (Harth et al., 1993, S. 28). Zusätzlich lernen Kinder wie sie miteinander umgehen sollen, welche Verhaltensweisen angebracht sind und welche nicht sowie den Umgang mit Konflikten und Problemen. Weiterhin lernen sie, sich gegenseitig mit ihren verschiedenen Meinungen zu tolerieren, zu akzeptieren und was es bedeutet sich in eine Gemeinschaft einzufügen (vgl. Heubach, 2013, S. 56; Jürgens & Miller, 2013, S. 74).

Es ist bekannt, dass Sport und Bewegung neben den oben beschriebenen Entwicklungsmöglichkeiten viele physiologische und psychologische Vorteile mit sich bringen. Sich regelmässig zu bewegen führt zu einer verbesserten Beweglichkeit, erhöht die Kondition, sowie die Konzentrations- und Reaktionsfähigkeit und stärkt das Selbstvertrauen. Bei Kindern mit Beeinträchtigung kann Sport zusätzlich zu einer erhöhten Selbstsicherheit führen und ihre Selbstständigkeit verbessern (vgl. Heubach, 2013, S. 59).

Unterstützt wird die große Bedeutung von Sport und Bewegung durch die Anerkennung als Instrument durch die Vereinten Nationen. Sport soll als Mittel zum Zweck der Erreichung unterschiedlicher Ziele dienen. Auf einer weltweiten Ebene soll Sport helfen, die Lebensumstände vieler Menschen zu verändern und zu verbessern. Dabei verfolgen die unterschiedlichen Projekte die oben beschriebenen Ziele. Durch die verbesserte Handlungsfähigkeit soll das Leben der Menschen positiv beeinflusst und verändert werden. Betont wird in diesem Zusammenhang, dass durch die Verbesserung und Veränderung der Selbst-

sowie der Fremdwahrnehmung die Teilhabe am Sport entscheidend für die Persönlichkeitsentwicklung ist. „In diesem Sinne kann Sport als Initiator von Bildungsprozessen gesehen werden" (Jürgens & Miller, 2013, S. 74). Des Weiteren dient der Sport der Entlastung und in gewissem Sinne der Erholung. Durch ihn können Kinder ihren Alltag und ihre Probleme für einige Momente vergessen. Sie tauchen in eine andere Welt ein, die von anderen Regeln bestimmt ist und die ihnen einen wichtigen Halt und die Möglichkeit zum Aufbau wichtiger sozialer Beziehungen geben kann (vgl. Jürgens & Miller, 2013, S. 73-74). Unter diesem Gesichtspunkt kann „Sport zu mehr Zufriedenheit mit dem Leben hier und jetzt beitragen" (Kleindienst-Cachay et al., 2012, S. 255).

Eine ähnliche Sichtweise vertreten Doll-Trepper et al. Sie glauben, dass sich speziell *sportliche* Aktivitäten dazu eigenen, den Forderungen der UN-BRK nachzukommen. Durch Sport werden Menschen bewegt und ihre Mobilität verbessert. Er hat einen positiven Einfluss auf das Selbstbewusstsein und das Miteinander und macht „vor allem Spass" (Doll-Trepper at al., 2013, S. 4). Es wird weiter angemerkt, dass Sport förderliche Auswirkungen auf die Gesundheit, aber auch auf die Akzeptanz von Menschen mit Beeinträchtigung hat. Durch sportliche Betätigung können sie ihre Fähigkeiten und Fertigkeiten unter Beweis stellen, was ihnen die Anerkennung und Akzeptanz anderer entgegenbringt. All dies führt zu einer Teilhabe an der Gesellschaft, die selbstbestimmt und echt ist und demnach die Forderungen der UN-BRK erfüllen kann (vgl. Doll-Trepper et al., 2013, S. 4).

All diese Punkte beweisen, dass Sport von bedeutender Wichtigkeit sowohl für die psychische, als auch die physische Entwicklung von *allen* Kindern ist (vgl. Heubach, 2013, S. 59). Es darf nicht vergessen werden, dass Kinder mit Beeinträchtigung, „wie alle anderen auch einen Bewegungsdrang [haben], der sie dazu verleitet, Sport zu treiben und zu spielen" (Heubach, 2013, S. 59). Zusätzlich wird „[d]urch gemeinsamen Sport […] auch der soziale Umgang miteinander gelernt, gelebt und kann den Ausgangspunkt von Inklusion darstellen" (Heubach, 2013, S. 36). Bewegung soll also zu einer „Inklusion *durch* Sport sowie [einer] Inklusion *im* Sport" (Hebbel-Seeger, 2014, S. 69; Hervorhebungen durch Verfasserin) führen. Welche Ziele ein solch ausgerichteter Sportunterricht verfolgt, zeigt der nachfolgende Abschnitt.

6.2 Ziele

Inklusiver Sportunterricht verfolgt Ziele, die sich auf vielen unterschiedlichen Ebenen wiederfinden lassen. Es geht um die Anerkennung eines jeden Einzelnen, um die Steigerung der Lebensqualität sowie um die Vermittlung wichtiger Werte.

Ein Ziel des inklusiven Sportunterrichtes ist es, dass alle Kinder in ihrer Individualität geachtet und respektiert werden. Sie sollen gemäß ihren Entwicklungsmöglichkeiten gefördert und gefordert werden, was zu einer persönlichen Handlungsfähigkeit und zur gleichberechtigten Teilhabe aller Kinder im Bereich des Sportes und der Bewegung führen soll. Gleichzeitig sollen dadurch die Exklusion und Isolation einzelner Kinder verhindert werden (vgl. Heubach, 2013, S. 40; 44-45; 58 & König et al., 2015, S. 59). Ein weiteres Ziel der Inklusion im Sportunterricht ist die Steigerung der Lebensqualität jedes einzelnen Kindes. Während sich Kinder sportlich betätigen, erleben sie ihre persönlichen Stärken und entdecken ihre Talente. Dies führt zu einem insgesamt positiveren Selbstbild. Durch dieses kommt es zu einer Verbesserung der Selbstständigkeit und -sicherheit, welche es den Kindern mit Beeinträchtigung erlaubt möglichst gleichberechtigt und unter ähnlichen Voraussetzungen wie Kinder ohne Beeinträchtigung am täglichen Leben in der Schule und der Gesellschaft teilzuhaben (vgl. Heubach, 2013, S. 59; Jürgens & Miller, 2013, S. 74). Neben den psychischen Aspekten, tragen auch die physischen ihren Teil zur Verbesserung der Lebensqualität bei. Daher ist ein anderes Ziel des inklusiven Sportunterrichts, dass Kinder und Jugendliche in „ihrer individuellen bewegungs- und sportbezogenen Entwicklung unterstützt" (König et al., 2015, S. 57) werden.

Toleranz sowie Gemeinsamkeit sind zwei wichtige gesellschaftliche Werte, welche durch den inklusiven (Sport-)Unterricht den Kindern nähergebracht und gelehrt werden sollen. Gemeinsames Sporttreiben wirkt sich positiv auf die zwischenmenschlichen Beziehungen aus (vgl. Jürgens & Miller, 2013, S. 75) und „[e]rst durch die Begegnung und Auseinandersetzung mit den vielfältigen Lebenswelten erschließt sich für alle beteiligten Akteure die Welt insgesamt, wobei keine Lebendbedingung weniger wert ist, als eine andere" (König et al., 2015, S. 55). Bei den Begegnungen und Auseinandersetzungen kommt es zu vielfältigen Interaktionen zwischen den Schülerinnen und Schülern, durch welche ihre Kommunikations- und Konfliktfähigkeiten verbessern werden sollen. Gleichzeitig führt dies zu einer Förderung der Klassengemeinschaft sowie des persönlichen Wohlbefindens. Im besten Falle folgen eine wertschätzende Anerkennung und Akzeptanz *aller* Schülerinnen und Schüler und gleichzeitig eine Überwindung von Ausgrenzung, Berührungsängsten sowie Vorurteilen und Etikettierung *einzelner* Schülerinnen und Schüler (vgl. Jügens & Miller, 2013, S. 75; Kleindienst-Cachay et al., 2012, S. 256-257; Hebbel-Seeger, 2014, S. 146). Sport wird „als ein Medium verstanden […], welches das Potential hat, Brücken zwischen Menschen zu bilden" (Jürgens & Miller, 2013, S. 76).

Weiter soll durch den Sportunterricht erreicht werden, dass den Kindern Freude an Bewegung und Spaß an sportlichen Aktivitäten vermittelt wird. Sie sollen vielfältige Bewegungs-, Körper- und Sinneserfahrungen machen können, welche ihre Sinne trainieren und sie zu einem lebenslangen Sporttreiben führen. Demgemäß sollen sie „sich selbst und die Welt in der Bewegung […] erfahren" (Ruin et al., 2016, S. 26). Ziel eines jeden inklusiven Sportunterrichtes ist es, dass Angebote für jede Schülerin und jeden Schüler geschaffen werden, ungeachtet ihrer Leistungsfähigkeit im sozialen, kognitiven oder sportlichen Bereich (vgl. Ruin et al., 2016, S. 26 & 42).

Ein letztes Ziel des inklusiven Sportunterrichts ist es, dass Kinder Unterschiede zwischen sich und anderen wahrnehmen und lernen ihre eigene sowie die Leistungsfähigkeit der Gleichaltrigen einzuschätzen. Dies hilft ihnen, Regeln und mögliche Veränderungen zu diskutieren, die es allen Kindern erlauben, am gemeinsamen Sporttreiben teilzunehmen (vgl. Ruin et al., 2016, S. 98).

Um all diese Ziele erreichen zu können, benötigt es die Zusammenarbeit aller am Inklusionsprozess Beteiligten. In diesem Zusammenhang wird im nächsten Abschnitt speziell auf die Sportlehrkräfte eingegangen.

6.3 Einstellung der Akteure

Im vorhergehenden Kapitel wurden bereits einige Akteure aufgegriffen und besprochen. Allerdings unterscheidet sich der Sportunterricht entscheidend vom Unterricht in den anderen Fächern. Aus diesem Grund werden die

Einstellungen der Sportlehrkräfte und der Schülerinnen und Schüler in Bezug zum Sportunterricht dargestellt.

6.3.1 Einstellung Lehrkräfte

Ähnlich wie alle anderen Lehrkräfte, stehen Sportlehrkräfte dem inklusiven Unterricht positiv gegenüber, haben allerdings ebenfalls Zweifel gegenüber der konkreten Umsetzung. Positiv wird erneut das soziale Lernen bewertet, das durch die vielfältigen Interaktionen der Schülerinnen und Schüler angestoßen wird. Entscheidend für die Einstellung der Lehrkräfte sind wiederum die vorhandenen Rahmenbedingungen und Ressourcen. In diesem Sinne ist die Unterstützung der Schulleitung sowie anderer Lehrkräfte von hoher Bedeutung. Einen negativen Einfluss auf die Einstellung kann ebenfalls die Art der Beeinträchtigung haben. Auch für Sportlehrkräfte konnte aufgezeigt werden, dass Verhaltensauffälligkeiten, neben schwerwiegenden emotionalen und geistigen Beeinträchtigungen, mit den größten Problemen in Verbindung gebracht werden (vgl. Reuker et al., 2016, S. 92). Die folgenden Studien gehen genauer auf die genannten Umstände ein.

In der Befragung von Heubach konnte die positive Einstellung der Sportlehrkräfte[9] ein weiteres Mal dargestellt werden. Zusätzlich gaben sie an, für einen inklusiven Unterricht nicht adäquat ausgebildet zu sein und zu werden. Bezüglich der Einstellung gegenüber verschiedenen Beeinträchtigungen wurde angegeben, dass Kinder mit körperlichen Behinderungen als höhere Belastung für Lehrkräfte gesehen werden als Kinder mit Lernbehinderungen. Kinder mit körperlicher Behinderung werden mit mehr Planungsaufwand in Verbindung gebracht (vgl. 2013, S. 95; 97-98 & 183-184).

Studien, die sich mit den Erfahrungen der Sportlehrkräfte im gemeinsamen Unterricht von Kindern mit und ohne Beeinträchtigungen beschäftigt haben, fanden heraus, dass sich viele Sportlehrkräfte unsicher fühlen. Sie geben an, dass ihr Unterricht sehr experimentell ausgerichtet ist und ausprobiert werden muss, was funktioniert und was nicht (vgl. Reuker et al., 2016, S. 94). Erschwerend kommt hinzu, dass es an der nötigen Fachliteratur mangelt (vgl.

---

[9] Verschiedene Statements von Sportlehrkräften, die während der Befragung erhoben wurden, können im Anhang nachgelesen werden.

Ruin et al., 2016, S. 7). Sportlehrkräfte müssen eigene Ideen suchen und finden, um einen inklusiven Unterricht für alle möglich zu machen. Dies gehört mit zu den größten Problemen der Umsetzung von inklusivem Unterricht. Weiter fehlt es den meisten Schulen an adäquater Ausstattung. Viele Sportlehrkräfte fühlen sich bei der Umsetzung von inklusivem Unterricht allein gelassen und klagen über mangelnde Unterstützung seitens der Schule (vgl. Reuker et al., 2016, S. 94).

Dass die Einstellung einen hohen Einfluss auf das Gelingen des inklusiven Unterrichts hat, konnte in verschiedenen Studien auch für das Fach Sport aufgezeigt werden. Sportlehrkräfte mit einer positiven Einstellung zur Inklusion verwenden vermehrt unterschiedliche Unterrichtsmethoden, geben Schülerinnen und Schülern mehr Zeit zum Üben und gestehen ihnen mehr Versuche zu. Zusätzlich erwarten sie von allen Kindern höhere Leistungen, welche diese oft erreichen. Sportlehrkräfte, die auf ihre Fähigkeiten vertrauen, zeigen im Unterricht ein flexibles Verhalten, dass sich den jeweiligen Anforderungen anpasst. Dies geschieht durch den Einsatz unterschiedlicher Materialien oder der Anpassung von Regeln. Sportlehrkräfte, welche eine positive Einstellung zur Inklusion besitzen, zeichnen sich durch eine höhere Lehreffektivität aus (vgl. Reuker et al., 2016, S. 94).

Für den Bereich der Ausbildung konnte aufgezeigt werden, dass sich die Lehrkräfte nicht genügend ausgebildet fühlen. Die meisten Sportlehrkräfte vertrauen nicht auf ihre vorhandenen Kompetenzen, da sie nicht glauben, den Herausforderungen eines inklusiven Unterrichts gewachsen zu sein. Vielen fehlt es an entscheidendem Wissen und tatsächlichen Erfahrungen. Das wird dem Lehramtsstudium zu Lasten gelegt, welches angehende Sportlehrkräfte nicht adäquat ausbildet. Sportlehrkräfte geben an, dass sie sich das nötige Wissen durch den Austausch mit anderen Lehrkräften aneignen oder durch den oben beschriebenen experimentellen Unterricht. Teilweise sind zwar Fortbildungen vorhanden, diese werden allerdings häufig als wenig hilfreich empfunden (vgl. Reuker et al., 2016, S. 95-96).

> Die wichtigste Voraussetzung für das Gelingen eines inklusiven Sportunterrichts liegt […] in der Lehrperson selbst. Ob ein inklusiver Sportunterricht eine offene und positive Einstellung zum gemeinsamen Lernen sowie die Akzeptanz von Heterogenität fördert, die Bereitschaft sich mit Kompetenzen und Handicaps von Behinderten auseinanderzusetzten erhöht, zu Toleranz und Solidarität erzieht

sowie individuelle Bildungsprozesse anleitet, hängt von den Werten und Einstellungen der Lehrperson ab (Ruin et al., 2016, S. 107, zitiert nach Klingen, 2012, S. 84).

6.3.2 Einstellung Schülerinnen und Schüler

Neben den Einstellungen von Sportlehrkräften, wurden im Artikel von Reuker et al. auch Studien betrachtet, die sich mit den Auswirkungen von inklusivem Sportunterricht auf Schülerinnen und Schüler befassten. Diese Studien konnten aufzeigen, dass viele Schülerinnen und Schüler mit Beeinträchtigung positive Erfahrungen aus dem gemeinsamen Sportunterricht mitnehmen. Der Unterricht bereitet ihnen Freude und sie finden Anschluss zu Gleichaltrigen. Doch neben diesen positiven Befunden gibt es ebenfalls negative Meinungen. Schülerinnen und Schüler berichten, dass sie Angst haben, den Ansprüchen nicht gerecht werden zu können, des Weiteren werden sie nicht in die Gemeinschaft der Klasse aufgenommen oder erhalten zu wenig Beachtung von den Lehrkräften. Teilweise kommt es zu einem Ausschluss durch die Lehrkräfte, da jene die beeinträchtigten Kinder nicht in das Unterrichtsgeschehen miteinbeziehen (vgl. 2014, S. 93).

Weitere Studien beschäftigten sich mit kooperativen Unterrichtsmethoden. Es wurde aufgezeigt, dass diese Methoden einen positiven Einfluss auf das Miteinander der verschiedenen Kinder haben und die Akzeptanz untereinander gefördert wird. Durch kooperative Unterrichtsmethoden steigt gleichzeitig die Zeit, welche die Kinder miteinander verbringen, während jene mit den Lehrkräften sinkt. Dies führt zu weiteren Verbesserungen des Klassenklimas (vgl. Trumpa et al., 2014, S. 93).

Neben den quantitativen und qualitativen Befragungen wurden einige sportmotorische Tests ausgewertet. Diese haben gezeigt, dass Kinder mit Beeinträchtigung eine deutlich bessere Fitness aufweisen, wenn sie eine inklusive Klasse besuchen, verglichen mit Kindern, welche in Förderklassen unterrichtet werden. Wesentlich für diesen positiven Befund sind die Kinder und ihre Einstellungen gegenüber Sport sowie ihre eigene Selbstwirksamkeitserwartung. Zusätzlichen Einfluss besitzen das Klassenklima und die Einstellungen der Sportlehrkräfte (vgl. Trumpa et al., 2014, S. 93).

6.4 Unterrichtsgestaltung

Die Planung inklusiver Sportstunden gestaltet sich häufig als Herausforderung, da sich Sportlehrkräfte bei der Planung ihres Unterrichts häufig in einem Dilemma befinden, ausgelöst durch folgende Fragen:

- Welches Unterrichtsangebot spricht die gesamte Klasse an?
- Welches Unterrichtsangebot deckt die Anforderungen von Lehrplänen und Rahmenvorgaben ab?
- Welches Unterrichtsangebot berücksichtigt gleichzeitig die individuellen Stärken und Bedarfe aller Schüler/innen? (Ruin et al., 2016, S 63).

Intensiviert wird dieses Dilemma, wenn man an den doppelten Bildungsauftrag des Sportunterrichts denkt. Schülerinnen und Schüler sollen sowohl *zum* Sport, als auch *durch* den Sport erzogen und gebildet werden. Dies bedeutet, dass sie auf der einen Seite im Sportunterricht die Wichtigkeit von Bewegung erfahren und diese auf ihr Leben übertragen sollen, auf der anderen Seite sollen allgemeine Lernprozesse durch die Beteiligung im Sport angestoßen werden (vgl. LISUM, 2011, S. 11-12). Ziel des Sportunterrichts ist demnach „sowohl bewegungsbildend (spezielle Handlungsfähigkeit) als auch allgemeinbildend (allgemeine Handlungsfähigkeit)" (LISUM, 2011, S. 12) ausgerichtet zu sein. Die Bedeutung eines erfolgreichen inklusiven Unterrichts zeigt sich bei dem Vergleich der sportlichen Aktivität von Menschen ohne und mit Beeinträchtigung.

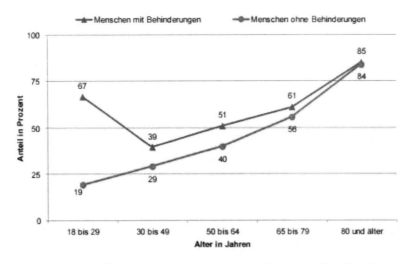

Abbildung 14: Anteile von Menschen mit und ohne Behinderung, die in ihrer freien Zeit nie aktiv Sport treiben nach Altersklassen
(Bundesministerium für Arbeit und Soziales, 2013, S. 222)

Die Abbildung zeigt auf, dass sich Menschen mit Beeinträchtigung in geringerem Maße sportlich betätigen, als Menschen ohne Beeinträchtigung. Besonders groß ist der Unterschied im frühen Erwachsenenalter (vgl. Hebbel-Seeger et al., 2014, S. 52). Durch den doppelten Bildungsauftrag kommt dem Sportunterricht eine wichtige Rolle in Bezug zur Veränderung der aktuellen Situation, hin zu einem lebenslangen Sporttreiben für alle, zu. Um dies zu erreichen, muss der Sportunterricht so verändert und aufgebaut werden, dass er allen Kindern und Jugendlichen gerecht wird. Was dies bedeutet und wie dies umgesetzt werden kann, wird in den folgenden Abschnitten besprochen.

6.4.1 Rahmenbedingungen

In einem ersten Schritt muss die fachliche Kompetenz aller Lehrkräfte garantiert und entsprechend aufgebaut werden. Inklusiver Sportunterricht kann nur dann erfolgreich durchgeführt werden, wenn die Lehrkräfte sich kompetentes Wissen aneignen und die dafür notwendige Aus- und Weiterbildung erhalten. Dies führt nicht nur zu einem erfolgreichen inklusiven Unterricht, sondern auch zu einem *sicheren* Unterricht. Bereits der Sportunterricht mit Kindern ohne Beeinträchtigung enthält vielfältige Gefahren- und Risikoquellen. Diese werden durch die gemeinsame Beschulung von Kindern mit und ohne Beeinträchtigung vervielfältigt. Die professionelle Kompetenz ist daher von entscheidender Bedeutung, um allen Schülerinnen und Schülern einen sicheren, freudvollen und erlebnisreichen Sportunterricht zu bieten (vgl. Hebbel-Seeger et al., 2014, S. 57). Neben dem fachlichen Wissen müssen Lehrkräfte offen für neue Ideen und Bedürfnisse sein sowie für das Vorwissen und die Erfahrung einzelner Kinder, damit diese „als Expertinnen und Experten in eigener Sache Gehör finden und in den Prozess eingebunden werden" (König et al., 2015, S. 63) können. Die neue Unterrichtsgestaltung verlangt von den Lehrkräften Kreativität, häufig Spontanität und ebenfalls eine hohe Frustrationstoleranz, „um vielfach ungewisse Lehr-Lernszenarien zu gestalten und weiterzuentwickeln" (Ruin et al., 2016, S. 183).

Ebenso wie der allgemeine Unterricht, sollte der Unterricht im Sport im Co-Teaching stattfinden, da „kooperative Lehrformen in multiprofessionellen Teams die größten Chancen bieten die im Unterricht notwendigen schülerorientierten Differenzierungen und Individualisierungen umzusetzen" (König et al., 2015, S. 44). Des Weiteren sollten die Lehrkräfte die Möglichkeit wahrnehmen, sich mit Experten unterschiedlicher Fachrichtungen auszutauschen. Dies können beispielsweise Physiotherapeuten oder Funktionsgymnasten sein, die den Lehrkräften helfen, die Besonderheiten und Schwierigkeiten der Schülerinnen und Schüler mit Beeinträchtigung zu verstehen. Bei der Planung der Unterrichtsstunden können sie auf dieses Wissen zurückgreifen und dadurch eine adäquatere Förderung vorbereiten. Damit inklusiver Sportunterricht gelingen kann, ist die funktionierende Arbeit in multiprofessionellen Teams von entscheidender Bedeutung. Gekennzeichnet wird diese durch eine wertschätzende Kommunikationskultur, aktive Kooperation sowie gegenseitige Akzeptanz (vgl. Heubach, 2013, S. 44-45; Reuker et al., 2016, S. 95).

Nötige Veränderungen der Rahmenbedingungen betreffen nicht nur die personelle Ebene, sondern ebenfalls die bauliche. Viele Sporthallen sind nicht für die Nutzung von Menschen mit Beeinträchtigung ausgerichtet oder beschränken sich häufig auf solche, die auf einen Rollstuhl angewiesen sind. Allerdings müssen die baulichen Strukturen so verändert werden, dass sie allen Arten der Beeinträchtigung gerecht werden, dies sowohl im Innen-, als auch im Außenbereich (vgl. Hebbel-Seeger, 2014, S. 57). In einem nächsten Schritt werden die veränderten Unterrichtsmethoden betrachtet.

6.4.2 Methoden

Inklusiver Sportunterricht wird von einer „Sportpädagogik der Vielfalt" (König et al., 2015, S. 36) bestimmt. Im Zentrum aller didaktischen Überlegungen steht das einzelne Kind mit seinen Stärken, Schwächen und Entwicklungsmöglichkeiten. Die unterrichtlichen Strukturen werden von vielfältigen Differenzierungen geprägt und durch Individualisierung bestimmt. Alle Kinder haben ein Recht auf ihre Individualität, müssen aber gleichzeitig nicht auf ihr Recht auf Gemeinsamkeit verzichten. Dadurch entsteht ein Spannungsverhältnis zwischen Gleichheit und Verschiedenheit (vgl. König et al., 2015, S. 36).

> Gleichheit steht für die berechtigten Wünsche auf das Dabei-Sein, das Bedürfnis nach Gemeinsamkeit und Teilhabe. Verschiedenheit kennzeichnet das So-Sein des Menschen, sein selbstverständliches Anrecht auf Anders-Sein und die Forderung, so angenommen zu werden, wie er ist (König et al., 2015, S. 36).

An diesem Spannungsverhältnis knüpft Unterricht und somit die Arbeit der Sportlehrkräfte an. Damit Kinder mit- und voneinander lernen können, hat Rehle drei Punkte für eine erfolgreiche Planung von individualisierenden sowie kooperativen Lernsituationen aufgestellt:

- Jede individualisierte Lernaufgabe ist grundsätzlich auf Austausch, Ergänzung und Gemeinsamkeit (gemeinsames Thema oder gemeinsames Vorhaben oder gemeinsame Arbeitsformen) zu beziehen.
- Aufgabestellungen sollten so weitreichen und umfassend sein, dass jedes Kind auf seinem Niveau einsteigen und seinen Teil zum gemeinsamen Vorhaben beitragen kann.
- Die Arbeitsprodukte der Kinder sind unter pädagogisch-diagnostischer Perspektive zu sehen und zu bewerten. Lernprozessanalyse zeigt Anhaltpunkte für etwaige Hilfestellung und somit für weiterführendes Lernen (2009, S. 184).

Betrachtet man guten inklusiven Sportunterricht, so lässt sich erkennen, dass dieser auf die Entwicklungsmöglichkeiten der Schülerinnen und Schüler ausgerichtet ist. Das bedeutet, dass alle Kinder als Individuen begriffen werden, die unterschiedliche Potentiale und Möglichkeiten besitzen. Diese müssen von den Lehrkräften erkannt, gefördert und gestärkt werden. „Somit besitzt jedes Kind und jeder Jugendliche einen Förderbedarf, der nur auf ihn zugeschnitten ist" (Heubach, 2013, S. 40), das bedeutet gleichzeitig, dass [j]ede Lerngruppe […] inklusiv [ist], denn jede Gruppe ist heterogen" (König et al., 2015, S. 54). Im

Zentrum des Unterrichts stehen erneut individualisierte Methoden, die durch koexistente Situationen gekennzeichnet sind. Jedes Kind erhält die Chance auf seinem Niveau zu lernen, zu trainieren und zu üben. Dies führt zu einem positiven und angenehmen Lernklima, welches die Lernprozesse der einzelnen Kinder unterstützt. Obwohl sich individuelle Lernsituationen vornehmlich anbieten, müssen dennoch auch kooperative Lernsituation herbeigeführt und gefördert werden, denn „gerade Schüler in heterogenen Gruppen können sehr erfolgreich voneinander lernen" (Hebbel-Seeger, 2014, S. 220). Speziell im Sportunterricht wird dadurch das soziale Lernen gefördert. Ein gutes Beispiel ist hierfür der Bau einer Menschenpyramide. Dabei lernen Kinder, dass sie ihr Ziel nur in der Gemeinschaft erreichen können, bauen Barrieren ab und Vertrauen auf (vgl. Heubach, 2013, S. 40-41 & 45). Damit der inklusive Sportunterricht gelingt, muss ein Gleichgewicht zwischen den verschiedenen Lernsituationen gefunden werden. Jede Schülerin und jeder Schüler muss sein individuelles Potential entfalten können, während gleichzeitig das soziale Potential der Klasse entfaltet und gefördert wird (vgl. König et al., 2015, S. 37).

Eines der Ziele des Sportunterrichts ist es, dass die Kinder und Jugendlichen selbstständiger werden und Verantwortung für ihre Lernprozesse übernehmen. Dafür muss der Unterricht nach den oben beschriebenen Methoden durchgeführt und umgestaltet werden. Zusätzlich sollte es allen Kindern zugestanden werden

- auf ganz eigene Weise zu lernen, wobei das Lernen durch Entdecken einen ganz besonderen Rang hat;
- beim Lernen auch Umwege gehen zu dürfen (die sich häufig nur aus der Lehrersicht als solche erweisen);
- eigene Fragen zu haben, die sie verfolgen möchten und dürfen;
- das eigene Lerntempo – zumindest häufig – bestimmen oder mitbestimmen zu können;
- ihre jeweils eigene Welt, ihre eigenen Interessen und Bedürfnisse zu haben, die die Schule respektieren sollte (LISUM, 2011, S. 68).

Diese Punkte berücksichtigen die Individualität der einzelnen Kinder und stellen ihre Lernpotentiale und Entwicklungsmöglichkeiten in den Vordergrund. Lehrkräften kommt in diesem Setting die Rolle eines „Lernprozessbegleiters" (Oymanns, 2015, S. 33) zu. In diesem Sinne sollen sich die Lehrkräfte auch das Wissen ihrer Schülerinnen und Schüler aktiv zu Nutzen machen. Im vorhergehenden Kapitel wurde beschrieben, dass Lehrkräfte viele

Lehrmaterialien selber herstellen müssen und über eigene Ideen verfügen müssen, um inklusiven Unterricht möglich zu machen. Allerdings ist es häufig so, dass den Lehrkräften die entsprechende Kreativität und ebenso das nötige Wissen fehlen, um auf jedes Kind adäquat eingehen zu können und es seinen Bedürfnissen entsprechend zu fördern. Abhilfe kann zum einen die Zusammenarbeit mit einer Förderlehrkraft schaffen, zum anderen können die betroffenen Kinder selbst aktiv miteinbezogen werden. Hinter dieser Idee steht die Annahme, dass zur Lösung von vielfältigen Problemen oder mangelnden Ideen „vor allem Menschen mit Behinderung selbst beitragen können, als Expertinnen und Experten in eigener Sache und weil sie das Recht auf Partizipation an allen Programmen und deren Entwicklung haben" (Hebbel-Seeger, 2014, S. 58). Es gilt „das Credo der Behindertenbewegung: ‚Nichts ohne uns über uns'" (Degener & Diehl, 2015, S. 56).

Black und Stevenson haben das Konzept des *Inclusion Spectrum's* aufgestellt, das die verschiedenen Gestaltungsmöglichkeiten eines inklusiven Sportes betrachtet. Unterschieden wird zwischen unterschiedlichen Teilhabebedingungen an sportlichen Aufgaben. Auf der einen Seite können Lehrkräfte ihren Schülerinnen und Schülern Aufgaben anbieten, die für alle offen stehen, an denen jede und jeder teilhaben kann. Diese Aufgaben sind von Grund auf inklusiv, was bedeutet, dass keine großen Veränderungen der Aufgaben für einzelne Schülerinnen und Schüler erforderlich sind. Auf der anderen Seite stehen Aufgaben, welche die Kinder vorübergehend voneinander separieren, das heißt, dass alle an individuellen sportlichen Aufgaben und Lösungswegen arbeiten, oder das homogene Gruppen gebildet werden, in denen alle Kinder ähnliche Voraussetzungen haben. Zwischen diesen beiden Extremen stehen modifizierte und auch parallele Aufgaben, die einen Mittelweg zwischen offenen und separierenden Aufgaben anbieten. Bei modifizierenden Aufgaben wird allen Kindern die gleiche Grundaufgabe gegeben, allerdings werden Regeln oder Geräte individuell angepasst und modifiziert. Parallele Aufgaben werden so aufgebaut, dass alle Schülerinnen und Schüler relativ ähnliche Aufgaben erhalten und diese parallel lösen. Allerdings können sie die Aufgaben entsprechen ihren persönlichen Voraussetzungen, ihrem Tempo und ihren Entwicklungsmöglichkeiten alleine, oder in relativ leistungshomogenen Gruppen bearbeiten (vgl. Black & Stevenson, 2012, S. 1; Ruin et al., 2016, S. 23-24). Untenstehende Abbildung führt die möglichen Aufgabentypen auf und bringt sie in Zusammenhang mit dem *STEP-Modell*.

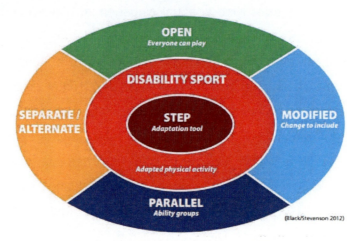

Abbildung 15: *The Inclusion Spectrum incorporating STEP*
(Black & Stevenson, 2012, S. 1)

Beim *STEP-Modell* geht es um die verschiedenen Bereiche, welche im Sinne eines inklusiven Sportunterrichts verändert werden können. In einem ersten Schritt kann der *Space*, also der Raum des Sporttreibens verändert werden. Dies kann beispielsweise heißen, dass die Größe der Spielfelder den Bedingungen der Schülerinnen und Schüler angeglichen werden. Um die Aufgaben geht es im Bereich der *Tasks*. Aufgaben müssen so verändert werden, dass sie allen Kindern die Möglichkeit der Teilhabe sichern. Möglichkeiten dabei sind die Vereinfachung komplexer Bewegungen oder die Einteilung in einzelne Teilschritte. Im dritten Bereich geht es um das *Equipment*. Die verwendeten Sportgeräte müssen an die Voraussetzungen der Schülerinnen und Schüler angepasst werden, indem mehr, weniger oder andere Unterrichtsmaterialien verwendet werden. Der letzte Bereich befasst sich mit den *People*. Dabei geht es um eine teilhabegerechte Verteilung der einzelnen Kinder, die je nach Aufgabe variiert. Bei einigen Aufgaben ist es fairer, Kinder mit ähnlichen Voraussetzungen zusammen üben und trainieren zu lassen, bei anderen kann es Sinn machen, eine Mannschaft in Überzahl und die andere in Unterzahl spielen zu lassen, um eine gerechte Verteilung zu erreichen (vgl. Black & Stevenson, 2012, S. 2; Ruin et al., 2016, S: 24-25).

Ein ähnliches Konzept, das für die Planung von inklusivem Sportunterricht verwendet werden kann, ist das *6+1 Modell* von Tiemann (2013). In diesem Modell geht es darum, dass Sportunterricht zum einen von der positiven Einstellung der Lehrkraft zur Inklusion abhängt, zum anderen mit Hilfe von sechs verschiedenen Modifikationsfeldern geplant werden kann und soll. Bei diesen Feldern handelt es sich um die Materialien, das Lernumfeld, die Regeln, die Aufgabenstellungen, die Sozialformen und die Kommunikation (vgl. König et al., 2015, S. 61-62). Wie eine genaue Planung nach diesem Konzept aussehen kann, wird in den Best Practice Beispielen beschrieben. Neben diesen Konzepten können folgende Veränderungen verschiedener Spiele vorgenommen werden:

- Das Spielfeld in Zonen teilen, in denen sich nur bestimmte Mitspieler beider Teams aufhalten dürfen.
- Alternative Formen des Fangens und Stoppens des Spielobjektes einführen.
- Verschiedenen Mitspielenden innerhalb eines Teams unterschiedliche Spieltechniken zuordnen.
- Mehrere Wurf-/Schlussziele pro Team anbieten.
- Wurf- und Schussziele nicht nur am Ende des Spielfeldes platzieren, sondern auf dem gesamten Spielfeld verteilen und die Ziele unterschiedlich gestalten (Größe, Platzierung, Höhe, etc.).
- Verbotszonen für bestimmte Spielaktionen einführen und indirekte Zielaktionen vorgeben.
- Köperintensive Verteidigungshandlungen durch symbolische Verteidigungshandlungen ersetzen und Möglichkeiten individueller Bewegung mit dem Ball begrenzen (König et al., 2015, S. 44).

Entscheidend für diese (notwendigen) Veränderungen ist, dass die Bedeutung des Spieles oder der Aufgabe nicht verloren geht. Die Kinder müssen in ihnen den gleichen Wert erkennen, wie in den nicht-modifizierten Spielen und Aufgaben (vgl. König et al., 2015, S. 59).

Ein letztes Konzept, das hier besprochen werden soll, ist der mehrperspektivische Sportunterricht nach Wurzel (2008). Im Zentrum dieses Konzepts stehen sechs Sinnperspektiven, welche die Schülerinnen und Schüler kennenlernen und erfahren sollen. Es gibt die Perspektiven des Miteinanders, der Leistung, der Wagnis, des Ausdrucks, des Eindrucks und der Gesundheit. Das Konzept ermöglicht es den Kinder Sport und Bewegung auf viele unterschiedliche Arten zu erfahren und zu entdecken und kann sich somit an die individuellen Bedürfnisse anpassen. Im Zusammenhang zum inklusiven Sportunterricht ist es wichtig, dass alle Kinder die Möglichkeit erhalten, alle

Sinnperspektiven gleichermaßen zu erfahren, so dass keine Gewichtung auf einzelne Perspektiven stattfindet bzw. einige Perspektiven ignoriert werden (vgl. König et al., 2015, S. 60-61 & 216). Wie die Sinnperspektiven im Sportunterricht eingesetzt werden können, zeigt das Best Practice Beispiel zum Schwimmen.

Die Wahl unterschiedlicher Methoden hängt maßgeblich von den unterrichteten Inhalten ab. Für den inklusiven Sportunterricht kann angenommen werden, dass das Spektrum der Inhalte sehr breit gefasst werden muss und auch alternative Spiel- und Übungsformen angewendet werden müssen, denn „[n]ur über die Vielfalt an Inhalten ist es möglich, den mannigfaltigen Ansprüchen und Bedürfnissen der unterschiedlichen Schülerinnen und Schüler gerecht zu werden" (König et al., 2015, S. 59). Das bedeutet, dass Lehrkräfte ihren Unterricht weg von den reinen Sportarten, hin zu offeneren Bewegungsfeldern ausrichten müssen (vgl. Ruin et al., 2016, S. 43). Die Inhalte müssen nach den Bedürfnissen, Fähigkeiten und Interessen der Kinder und Jugendlichen ausgewählt und aufbereitet werden. Es soll erreicht werden, dass alle Kinder in ihren Möglichkeiten angesprochen werden und eine Herausforderung erleben (vgl. König et al., 2015, S. 59).

Zur Planung und Bewertung der inklusiver Methoden wurden in einer Unterrichtsbeobachtung von Moen (2004, S. 178) fünf Charakteristiken gefunden, die entscheidend für gelingende Situationen inklusiven Spielens und Lernens sind:

- Membership
- Mastery
- Togetherness
- Involvement
- Learning

Membership meint, dass jedes Kind Teil der Klasse und somit der Gemeinschaft ist. Es gehört dazu und wird bei allen Aktivitäten miteinbezogen. Dies führt weiter zum zweiten Punkt, der *Mastery*. Sie bezieht sich auf die Fähigkeiten und Kompetenzen der Schülerinnen und Schüler und ihrer Anerkennung. Kinder wachsen verschieden auf und werden dadurch zu Experten in ganz unterschiedlichen Feldern. Lehrkräfte sollen die speziellen Fähigkeiten und Kompetenzen anerkennen und nutzen. Für den Sport kann dies bedeuten, dass Kinder bei der Vorbereitung einzelner Stunden helfen dürfen, wenn sie aus einer bestimmten Sportart kommen. Des Weiteren können sie bestimmte Elemente oder Techniken vorzeigen, oder sind verantwortlich für die Korrektur und Unterstützung ihrer Klassenkameraden. Die dritte Charakteristik bezieht sich auf die *Togetherness*. Dieser Punkt geht noch weiter als die Teilhabe, die mit der *Membership* erreicht werden soll. Kinder sollen nicht einfach nur Teil der Klasse sein, sie sollen eine Gemeinschaft bilden und erleben, die durch ein Gefühl der Gemeinsamkeit geprägt ist. Entscheidend dafür ist, dass sich die Kinder in ihrer Umgebung wohlfühlen. *Involvement* führt die *Mastery* auf ein höheres Level. Durch diese werden Kinder an den Lehr- und Unterrichtsprozessen beteiligt, durch *Involvement* sollen sie an ihren eigenen Lern- und Bildungsprozessen beteiligt werden. Ziel ist, dass die Kinder Verantwortung für ihr eigenes Lernen erleben und übernehmen. Der letzte Punkt bezieht sich auf das *Learning*. Schülerinnen und Schüler müssen in der Schule etwas lernen, allerdings nicht nur akademisches Wissen, sondern ebenso vielfältige soziale Fähigkeiten und Kompetenzen. Dieses Lernen wird durch die oben beschriebenen Charakteristiken unterstützt und gefördert. Können alle fünf Charakteristiken in den unterschiedlichen Spielsituationen und verschiedenen Lernsettings gefunden werden, kann von einer erfolgreichen inklusiven Methode gesprochen werden (vgl. Moen, 2004, S. 178-180; Balz et al., 2012, S. 159).

Vergleichbar mit dem allgemeinen Unterricht nutzt inklusiver Sportunterricht viele verschiedene Methoden, um die Unterschiedlichkeit der Kinder zu bewältigen und ihre individuelle Entfaltung zu fördern. Aus didaktischer Sicht werden vornehmlich offene Bewegungsaufgaben und Unterrichtskonzepte sowie angepasste Leistungsdifferenzierungen und Lernarrangements verwendet (vgl. König et al., 2015, S. 38). Grundlegend für einen inklusiven Sportunterricht sind eine hohe Bewegungszeit aller Kinder, differenzierte Ziele, die nicht nur auf motorische Leistung abzielen, die Einbindung der Schülerinnen und Schüler, eine Klasse, die als Team funktioniert und ausreichend Kreativität und Mut um Neues auszuprobieren (vgl. Ruin et al., 2016, S. 83-85). Es darf aber nicht vergessen werden, dass es ein ideales Rezept, wie inklusiver Unterricht aufgebaut wird, nicht gibt. Sportunterricht muss immer individuell auf eine Klasse abgestimmt und geplant werden, da sich keine zwei Klassen aus den gleichen Individuen zusammensetzt. Von Seiten der Lehrkräfte fordert dies eine hohe Reflexionsfähigkeit, die sowohl die einzelnen Kinder, als auch die eigene Unterrichtspraxis kontinuierlich analysiert. Die Analyse dient den Lehrkräften als Basis, um die vorhandenen Gegebenheiten und Methoden im nötigen Falle anzupassen (vgl. König et al., 2015, S. 56). Zusammenfassend lässt sich sagen, dass „Teamfähigkeit, ein angenehmes soziales Klima und nicht zuletzt Lern- und Leistungsbereitschaft [...] wichtige Grundlagen erfolgreichen Lernens im Sportunterricht [sind]" (LISUM, 2011, S. 69).

Die Umsetzung eines inklusiven Sportunterrichts ist nicht leicht und mit einigen Problemen verbunden.

6.4.3 Probleme

Bei der Analyse von inklusivem Sportunterricht konnten einige Probleme im Unterricht festgestellt werden, die sowohl die Unterrichtspraxis, also auch die unterschiedlichen Schülerinnen und Schüler betreffen. Vergleicht man Kinder mit und ohne Beeinträchtigung konnte gezeigt werden, dass Kinder mit Beeinträchtigung im Unterricht deutlich weniger aktiv sind als ihre Peers. Zusätzlich kommt es kaum zu kooperativen Bewegungsaktivitäten, was zu einem Nebeneinander der Schülerinnen und Schüler und nicht zu dem gewünschten Miteinander führt (vgl. König et al., 2015, S. 72). Im extremsten Fall werden Kinder mit Beeinträchtigung von der aktiven Teilhabe am Sportunterricht ausgeschlossen. Sie dürfen nur als Schiedsrichter teilhaben oder müssen von der Seitenlinie aus zuschauen. Dies führt zu einer sozialen Isolation, welche nicht mit den Zielen der Inklusion einhergeht (vgl. König et al., 2015, S. 74; Speck, 2011, S. 127). Ein anderes Problem, mit welchem der Sportunterricht zu kämpfen hat, ist seine Ausrichtung auf Wettkämpfe, „Bewegungsperfektion, permanente physische Leistungssteigerung und Erfolge in der Konkurrenz" (König et al., 2015, S. 69). Kinder, Jugendliche und Erwachsene sind es von jeher gewohnt, dass es im Sport um Leistung geht, dass versucht wird besser zu sein als andere, dass das Ziel ein Sieg über den Gegner ist (vgl. Heubach, 2013, S. 22). Der klassische Schulsport ist ebenfalls nach diesem Prinzip ausgerichtet und führt mannigfaltige Rangvergleiche durch (vgl. Ruin et al., 2016, S. 14 & 20). Für die Inklusion stellt dies ein Problem dar, vergleichbar mit jenem der Bewertung. Speziell im Sportunterricht wirken schlechte Noten demotivierend und beeinflussen die Einstellung der Kinder zum Sport negativ (vgl. Ruin et al., 2016, S. 26). Damit inklusiver Unterricht gelingen kann, muss diese Sichtweise überwunden und von anderen Werten bestimmt werden.

Eines der größten Probleme des Sportunterrichts bzw. seiner Lehrkräfte, ist die mangelnde professionelle Ausbildung für den Bereich der sonderpädagogischen Förderung. In kaum einem Lehramtsstudium werden Studierende für die neue Praxis an den zukünftigen Schulen ausgebildet und es fehlt an „Kenntnissen über behindertenspezifische Besonderheiten und Erschwernisse" (Ruin et al., 2016, S. 105). Vergleicht man dies mit anderen Ländern, lässt sich erneut die rückständige Position des deutschen Bildungssystems erkennen. In den USA werden vor allem Sportlehrkräfte speziell für die Bedingungen des Unterrichtens heterogener Gruppen geschult. Dies ermöglicht es ihnen, mehrere Schülerinnen und Schüler mit Beeinträchtigung in eine Klasse aufzunehmen und erfolgreich zu unterrichten (vgl. Heubach, 2013, S. 46). Hinzu kommt, dass es für den Sportunterricht sehr wenige evaluierte Konzepte gibt und eine empirische Basis weitgehend nicht vorhanden ist (vgl. König et al., 2015, S. 35). Dies führt dazu, dass sich Sportlehrkräfte oft überfordert fühlen, da sie sich mit ihren Problemen, Fragen, Nöten sowie Sorgen an niemanden wenden können (vgl. Ruin et al., 2016, S. 105). Hinzu kommt, dass der Austausch mit den Experten anderer Fachrichtungen oft erschwert wird, da bürokratische oder finanzielle Hürden überwunden werden müssen. Zusätzlich kann durch das Arztgeheimnis den Lehrkräften eine genauere Auskunft verwehrt werden (vgl. Heubach, 2013, S. 45).

Schwierigkeiten kann die Einstellung der Lehrkräfte gegenüber inklusivem Unterricht bereiten. Diese wird von den gleichen Faktoren beeinflusst, wie jene, die im vorhergehenden Kapitel bereits beschrieben wurden. Hinzu kommt das Verständnis einiger Sportlehrkräfte, ihren Unterricht als "Reparaturbetrieb" zu verstehen. Das heißt, dass Kinder mit Beeinträchtigung "repariert" werden müssen, um der Norm zu entsprechen. In einem solchen Sportunterricht wird mit allen Möglichkeiten versucht, die Unterschiede zwischen den Kindern auszugleichen. Dies geht mit dem Problem der Bewertung und der Bildungsstandards einher, dem auch die Sportlehrkräfte ohne Ausnahme ausgesetzt sind (vgl. Leineweber et al., 2015, S. 9 & 12).

Ein weiteres Problem, das nur dem Sportunterricht bekannt ist, ist der Ausschluss von Kindern mit Beeinträchtigung aufgrund angeblicher medizinischer Rechtfertigungen. Durch verschiedene Ärzte lassen Eltern ihre Kinder vom Schulsport befreien, da sie befürchten, dass ihre Kinder im Sport zu Schaden kommen könnten, sie keine Möglichkeiten für eine angemessene Teilhabe hätten oder dass ihre Kinder von den Gleichaltrigen nicht akzeptiert würden. Indem sie dies veranlassen, schließen sie ihre Kinder selber aus der Klasse aus und verhindern somit die vielen Vorteile, die das gemeinsame Sporttreiben mit sich bringt (vgl. Heubach, 2013, S. 45). Die Eltern schaffen damit eine Situation, die ihren Kindern „vor Augen [führt], wie hilfebedürftig und abhängig von anderen sie sind" (Heubach, 2013, S. 46). Trotz der vielen möglichen Probleme des inklusiven Unterrichts, dürfen seine Vorteile nicht vergessen werden.

6.5 Vorteile

Zu Beginn des Kapitels wurde die Bedeutung des Sportes dargelegt und mit ihr die vielen Vorteile, die ein aktiver Lebensstil mit sich bringt. Bezogen auf den inklusiven Sportunterricht lässt sich feststellen, dass sich Schülerinnen und Schüler ohne Beeinträchtigung beim gemeinsamen Sport auf Schülerinnen und Schüler mit Beeinträchtigung einlassen müssen und umgekehrt, damit das Sporttreiben für beide Parteien wertvoll und gewinnbringend ist. Durch die gegenseitige Unterstützung und das Einlassen aufeinander steigern sich die Empathie- und Motivationsfähigkeit der Kinder, welche auf andere Bereiche des Lebens übertragen werden können (vgl. König et al., 2015, S. 71 & 79). Inklusiver Sportunterricht enthält allerdings nicht nur Vorteile für Kinder mit Beeinträchtigung, auch viele andere Kinder können davon profitieren. In jeder Klasse gibt es diejenigen Kinder, die zuletzt gewählt werden, die tollpatschig sind, oder einfach keine Freude am Sporttreiben finden. Für die Gleichaltrigen bieten sie eine Angriffsfläche, sie werden häufig diskriminiert oder auch gedemütigt. Durch die neue Ausrichtung des Sportunterrichts, einer zieldifferenten Orientierung und der Fokussierung auf persönliche Leistungen kann ebenfalls diesen Kindern geholfen werden. Sie erleben eine Wertschätzung ihrer eigenen Persönlichkeit und ihrer individuellen Leistungen und können somit die Freude an Bewegung und Sport wiederentdecken. Im besten Falle führt dies zu erhöhter Aktivität und mehr Bewegung im Leben der betroffenen Kinder (vgl. Heubach, 2013, S. 45). Ein gut vorbereiteter und erfolgreich durchgeführter inklusiver Sportunterricht, welcher zu positiven Erfahrungen bei allen Schülerinnen und Schülern sowie Lehrkräften führt, kann zu einer Einstellungsänderung gegenüber andersartigen Menschen beitragen (vgl. König et al., 2015, S. 73). Demnach „gilt es einen abwechslungsreichen Unterricht zu gestalten, der grundlegende Prinzipien berücksichtigt, Begegnungschancen bietet und vielfältige Perspektiven ermöglicht. Nur so hat der Einzelne die Chance sich weiterzuentwickeln" (Ruin et al., 2016, S. 103). Wie dies in der Realität aussehen kann, zeigen die Best Practice Beispiele.

7 Best Practice Beispiele

Die Ein- und Durchführung von inklusiven Sportunterricht ist leider noch nicht weit verbreitet und wie in vorhergehendem Kapitel gesehen werden konnte, fehlen den Lehrkräften häufig das entsprechende Wissen und die nötigen Erfahrungen. In diesem Kapitel werden verschiedene Best Practice Beispiele aus dem Kontext der Schule und der Vereine zusammengetragen.

7.1 Schule

Wie das Beispiel der Schule Köln-Holweide beweist, ist inklusiver Unterricht und somit auch inklusiver Sportunterricht möglich. Im Folgenden werden einige Beispiele aus der unterrichtlichen Praxis vorgestellt.

7.1.1 Laufen, Springen, Werfen

Leichtathletik ist eine der normiertesten Sportarten, die im Kontext der Schule gelehrt wird. Bestimmte Techniken müssen erlernt werden und meistens wird ihre präzise Beherrschung bewertet. Betrachtet man die Paralympischen Spiele wird klar, dass Leichtathletik ebenfalls für Menschen mit Beeinträchtigung möglich ist, sie ebenfalls unfassbare Leistungen erzielen können. Offensichtlich ist jedoch, dass dies nicht das Ziel eines inklusiven Sportunterrichts sein kann, da hier der Fokus nicht auf der Leistung liegen darf. Für Leichtathletik in der Schule muss der Fokus geändert werden zu: „Höher, schneller und weiter, als *ich* es jemals zuvor geschafft habe" (Ruin et al., 2016, S. 82; Hervorhebung durch Verfasserin). Anders als bei anderen Sportarten, müssen die Regeln der Leichtathletik nicht angepasst werden, sie gelten für alle gleich und äußern sich in eindeutigen Bewegungsaufträgen: „Lauf so schnell, wie du kannst. Spring so hoch, wie du kannst. Wirf so weit, wie du kannst" (Ruin et al., 2016, S. 82). Eine Unterrichtsstunde, welche sich mit der Leichtathletik beschäftigt, kann durch verschiedene Stationen mit unterschiedlichen Aufgaben strukturiert werden. Die Schülerinnen und Schüler üben und lernen in kleinen Gruppen, sie können sich gegenseitig helfen und alle sind ständig in Bewegung. Es wird eine Teilhabe aller Kinder gewährleistet. Wichtig ist, dass die verschiedenen Stationen vielfältige Möglichkeiten anbieten und alle Schülerinnen und Schüler ihrem

Niveau und ihren Möglichkeiten entsprechend angesprochen werden können (vgl. Ruin et al., 2016, S. 77, 80, 82-83 & 86). Verschiedene Stationen könnten folgendermaßen aussehen:

Bewegungsgrundform Lauf:
Das Leisten erfahren, verstehen und einschätzen:
- Der Hürdenlauf – Kombination koordinativer und konditioneller Fertigkeiten

Gesundheit fördern, Gesundheitsbewusstsein entwickeln:
- Ausdauernd laufen – So fühle ich mich fit! Was bedeutet fit sein für mich?

Kooperieren, wettkämpfen und sich verständigen:
- Biathlonstaffel – Gemeinsam trainieren

Bewegungsgrundform Sprung:
Das Leisten erfahren, verstehen und einschätzen:
- Der Weitsprung – Wie funktioniert die Hock-/Schritt-/Hangsprungtechnik?

Etwas wagen und verantworten:
- Stabweitsprung – Getragen werden und fallen lassen?

Sich körperlich ausdrücken, Bewegung gestalten:
- In die Höhe springen – Auf welche verschiedenen Arten kann ich ein Hindernis überqueren?

Bewegungsgrundform Wurf:
Das Leisten erfahren, verstehen und einschätzen:
- Der Schleuderballwurf/Diskuswurf – Eine Einführung in Drehwürfe

Wahrnehmungsfähigkeit verbessern, Bewegungserfahrungen erweitern:
- Werfen mit verschiedenen Geräten – Welche Flugeigenschaften kann ich erkennen?

Sich körperlich ausdrücken, Bewegung gestalten:
- Gymnastik mit Bällen und Keulen – Ästhetische Würfe (Ruin et al., 2016, S. 87).

Ein Stationenbetrieb bietet sich für die Leichtathletik an. Die Stationen können vielfach variiert und unterschiedliche Perspektiven können angesprochen werden. Entscheidend ist, dass sie den Bedürfnissen der Schülerinnen und Schüler angepasst werden und kreativ für jede Lerngruppe weiterentwickelt werden (vgl. Ruin et al., 2016, S. 86 & 88).

7.1.2 „Nach oben"

Bei der Planung von Sportstunden für beeinträchtigte Kinder kamen zwei Studenten auf den Gedanken, dass für Kinder mit starken körperlichen Einschränkungen die Bewegungsdimension *nach oben* kaum realisierbar ist. Für Kinder ohne Einschränkung ist diese leicht zu realisieren. Sie können auf Bäume oder an Stangen hochklettern; sie können Berge erklimmen. Die Studenten wollten diese Erfahrung den anderen Kindern ebenfalls ermöglichen und haben dies in einer Sportstunde getan. Die Sporthalle verfügte über einen Seilzug, an dem die Schwungringe befestigt waren. Ein Brett wurde an den

Schwungringen befestigt, wodurch eine "Hochziehschaukel" entstand. Die Kinder konnten sich in der Sportstunde auf diese Schaukel setzen oder legen und wurden von ihren Mitschülerinnen und Mitschülern in die Höhe gezogen. Jedes Kind konnte selber entscheiden, ob es mit der Schaukel in die Höhe gezogen werden wollte oder nicht und wie hoch es gezogen wurde. Alle Kinder beteiligten sich gemeinsam sowohl am Hochziehen, als auch am Herunterlassen und konnten sich für den gesamten Prozess und das Kind auf der Schaukel verantwortlich fühlen. Eine entsprechende Absicherung durch die Studenten fand während des gesamten Vorganges statt. Die Idee der Studenten förderte die Gemeinschaft der Klasse und sie konnte einigen Kindern neue Erfahrungen bescheren (vgl. Eiseler, Kornmann, Luthringhausen & Wiegel, 2016, o.S.).

7.1.3 Bewegen im Wasser

Wasser ist eines der wenigen Medien, in dem alle Menschen vergleichbare Erfahrungen machen und das sich positiv auf den Körper und viele Krankheiten auswirkt. „Denn grundsätzlich trägt der hydrostatische Auftrieb des Wassers alle Menschen und ermöglicht allen besondere Körpererfahrungen" (Ruin et al., 2016, S. 90-91). Für Kinder mit Beeinträchtigungen zeigen sich diese besonderen Erfahrungen beispielsweise durch die Hemmung spastischer Bewegungen, einer schnelleren Ermüdung und damit einhergehender höherer Ausgeglichenheit bei Kindern mit ADHS, einer Milderung von Asthma oder einfach durch das Gefühl der Leichtigkeit und Entlastung, das der Körper im Wasser erfährt. All diese positiven Eigenschaften des Wassers führen zu einer besonderen Eignung des Schwimmunterrichts für inklusiven Unterricht (vgl. Ruin et al., 2016, S. 90-91).

Viele Schulen verfolgen das Ziel, dass ihre Schülerinnen und Schüler während der Grundschule das Schwimmen erlernen sollen. Dies kann bereits für Kinder ohne Beeinträchtigung eine große Herausforderung darstellen und es ist unbestritten, „dass ein Handicap den Lernprozess erschweren oder das selbstständige Schwimmen ohne jede Art von Schwimmhilfen unmöglich machen kann" (Ruin et al., 2016, S. 91). Eine Lösung stellt hier die Abkehr von normierten Schwimmtechniken dar. Es müssen nicht alle Kinder bestimmte

Techniken erlernen und diese einwandfrei beherrschen, sondern sie sollen lernen sich im Wasser angstfrei und selbstständig fortzubewegen. Um dieses Ziel zu erreichen, kann das *6+1 Modell* von Tiemann (2013) angewandt werden. Dabei geht es um die Modifikation in sechs verschiedenen Feldern. Das erste Feld beschäftigt sich mit den *Materialien*. Lehrkräfte können dabei alles Mögliche nutzen, ihrer Kreativität sind keine Grenzen gesetzt. Im Schwimmbad können bereits vorhandene Leinen, Spielgeräte, Schwimmbretter, Poolnudeln, aber auch ortsfeste Startblöcke oder Leitern zur Unterstützung genutzt werden. Schwimmflügel und Schwimmwesten ermöglichen es auch Kindern mit starken körperlichen Beeinträchtigungen am Unterrichtsgeschehen teilzuhaben. Mit dem *Lernumfeld* beschäftigt sich das zweite Feld. Für die Planung und Durchführung des Schwimmunterrichts ist es entscheidend, ob er in einem öffentlichen, oder in einem schuleigenen Schwimmbad stattfindet. Wichtig für die Schülerinnen und Schüler ist in diesem Kontext eine klare Strukturierung der Stunde „mit erkennbar voneinander abgegrenzten und überschaubaren Phasen" (Ruin et al., 2016, S. 93). Unterstützt werden kann dies durch ein Ablaufplakat und das Vorhandensein von Uhren, welche den Kindern eine Orientierung geben. Wichtig für die Orientierung der Kinder ist ebenfalls das Wissen über den Aufbewahrungsort von unterschiedlichen Materialien und klare Aufgabenstellungen. Dem nächsten Feld sind die *Regeln* zugeordnet. Regeln steuern in der Schule das Zusammenleben und speziell im Schwimmunterricht sind Bade- und Sicherheitsregeln von immenser Bedeutung. Ähnlich wie die klare Strukturierung der Lernumgebung, bieten sie den Schülerinnen und Schülern Anhaltspunkte für ihr Verhalten. Gleichzeitig dienen sie der gleichberechtigten Teilhabechancen aller Kinder. Spielregeln müssen so angepasst werden, dass Kinder mit und ohne Beeinträchtigung Freude und Spaß an der Bewegung erleben. Das vierte Feld ist den *Aufgabenstellungen* gewidmet. Für den inklusiven Unterricht bieten sich offene Aufgabenstellungen an, die vielfältige Lösungswege und Lernmöglichkeiten bereitstellen. Im Schwimmunterricht können den Schülerinnen und Schülern sowohl problemorientierte, als auch kooperative Aufgaben gestellt werden. Bei ersteren kennen die Kinder die Lösung nicht, sie müssen sie selber finden (vgl. Ruin et al., 2016, S. 92-935). Aussehen könnten diese Aufgaben folgendermaßen:

- Wie springe ich mit möglichst wenigen Wasserspritzern?
- Wie gleite ich möglichst weit durchs Wasser, nachdem ich mich von der Wand abgestoßen habe?
- Wie transportiere ich meinen Partner möglichst kraftsparend auf die andere Beckenseite?
- Wie gelingt es mir, mich unter Wasser möglichst flach auf den Boden zu legen? (Ruin et al., 2016, S. 95).

Für kooperative Aufgaben bieten sich Rettungsschwimmen, gegenseitige Korrekturen, Stationsarbeit und unterschiedliche Spielformen an. Die Komplexität solcher Aufgaben kann sukzessiv gesteigert werden und es können viele verschiedene Kompetenzen erlernt werden (vgl. Ruin et al., 2016, S. 95-96). Das sechste Feld, ist das Feld der *Sozialformen*. Schwimmen ist häufig durch individuelle Aufgaben gekennzeichnet und es kann dadurch der Eindruck entstehen, dass die gemeinsame Beschulung leichter fällt. Erfolg und Niederlage hängen von jedem einzelnen Kind selbst ab und der Einfluss anderer ist sehr gering. Jedoch muss ein erfolgreicher, inklusiver Sportunterricht auch auf andere Sozialformen zurückgreifen. Speziell im Schwimmunterricht muss die Sozialform gut überdacht werden und die richtige muss gefunden werden. Bei der falschen Auswahl besteht beispielsweise die Gefahr, dass sich Kinder mit Beeinträchtigung bei Gruppenaufgaben unter Druck gesetzt fühlen und überfordert werden. Das nächste Feld beschäftigt sich mit der *Kommunikation*. Diese ist gerade im Schwimmunterricht von großer Wichtigkeit. In Schwimmbädern ist es oft laut und die gegebene Akustik verhindert eine problemlose Kommunikation. Für Lehrkräfte bedeutet dies, dass sie sich genau überlegen müssen, wann sie wo, welche Instruktionen geben. Die Kommunikation wird durch vorher vereinbarte Zeichen und eine klare Struktur des Unterrichts erleichtert (vgl. Ruin et al., 2016, S. 96-97).

Eine weitere Möglichkeit den Schwimmunterricht aufzubauen bietet das bereits beschriebene Konzept der Mehrperspektivität. Wie dies aussehen könnte, kann untenstehender Abbildung entnommen werden. Sie zeigt vielfältige Möglichkeiten auf, durch welche die sechs Sinnperspektiven im und ums Wasser erlebt werden können.

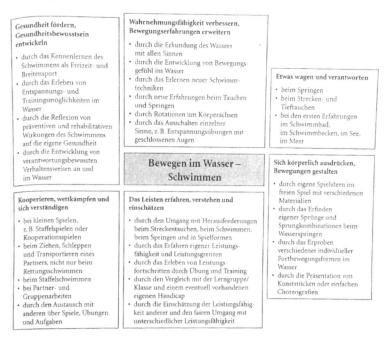

Abbildung 16: Schwimmen unter verschiedenen pädagogischen Perspektiven (Ruin et al., 2016, S. 99)

Ein etwas konkreteres Beispiel bieten nachfolgende Abbildungen. Sie zeigen auf, wie eine Unterrichtsreihe zu den Themen des Atmens, Gleitens und Schwebens in einer fünften Klasse konzipiert wurde. Die Schülerinnen und Schüler der Klasse wurden in Paare eingeteilt, wobei darauf geachtet wurde, dass die Paarungen so produktiv wie möglich waren und Kinder mit ähnlichen Wasser-Präferenzen (stehtief vs. sehr tief) zusammen in einer Gruppe waren. In jeder Stunde arbeiteten die Kinder an den verschiedenen Forschungsaufträgen. Kamen sie bei der Lösung eines Problems nicht weiter, gab es die Möglichkeit sich bei den Lehrkräften Joker-Karten zu holen, die ihnen weiterhalfen.

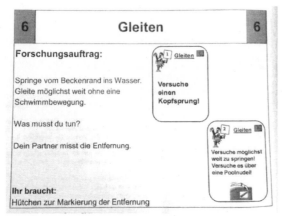
Abbildung 17: Forschungsauftrag "Gleiten"
(Ruin et al., 2016, S. 101)

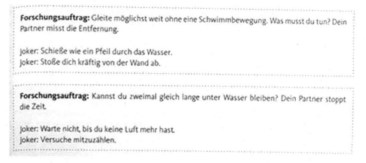
Abbildung 18: Forschungsaufträge "Gleiten" & "Atmen"
(Ruin et al., 2016, S. 101)

Nach der Lösung eines Forschungsauftrags besprachen die Kinder ihre Ergebnisse mit den Lehrkräften, welche ihnen weitere Tipps und Ideen geben konnten. Am Ende jeder Stunde konnten die Teams die gelösten Aufgaben auf einem Übersichtsplakat kennzeichnen und einige Teams stellten ihre Ergebnisse der gesamten Klasse vor (vgl. Ruin et al., 2016, S. 99-101).

Die Gestaltungsmöglichkeiten im Schwimmunterricht sind vielfältig und können an die Bedürfnisse aller Kinder angepasst werden. Für den Sportunterricht ist es wichtig, dass sich die Lehrkräfte diese Möglichkeiten bewusst machen und sie aktiv nutzten. „Nur so hat der Einzelne die Chance sich weiterzuentwickeln und gemeinsam mit seiner heterogenen Lerngruppe den Erlebnisraum Wasser mit seinem Teilhabepotential zu erschließen" (Ruin et al., 2016, S. 103).

7.1.4 Gemeinsames Handballspielen

Wie die vorhergehenden Beispiele zeigen konnten, lässt sich inklusiver Unterricht relativ gut bei individualisierten Sportarten und Bewegungen realisieren. Etwas schwieriger ist der Fall bei den Mannschaftssportarten. Diese erfordern grundsätzlich hohe technische und taktische Fertigkeiten und sind gekennzeichnet durch „Spannung, Ehrgeiz, Interaktion, Kampfgeist und Fairplay" (Ruin et al., 2016, S. 131). Die Einbeziehung von Kindern mit Beeinträchtigung, auf die Rücksicht genommen werden muss, gestaltet sich als eher schwierig, allerdings nicht unmöglich. Entscheidend ist, dass die Veränderungen des Spiels von den Schülerinnen und Schülern angenommen werden, ohne dass sie sich benachteiligt fühlen, sie sich zurückhalten müssen oder der Charakter der Sportart grundlegen geändert wird. Der Spielfluss muss auch mit den Veränderungen erhalten bleiben und weiterhin alle Kinder fordern (vgl. Ruin et al., 2016, S. 130-132 & 141).

Eine mögliche Variante Handball in inklusiven Klassen mit Rollstuhlfahrern einzuführen sieht den sukzessiven Ausbau des Spiels vor, beginnend bei Mini-Handball. Begonnen wird das Spiel mit folgenden Regeln:

- Als Tore dienen Weichböden. Es wird quer auf einem kleinen Handballfeld vier gegen vier plus Torwarte über die Halle gespielt, sodass ein paralleler Spielbetrieb möglich ist (z.B. auf zwei Basketballfeldern).
- Der Ball darf nur mit den Händen gespielt werden.
- Schritte (Läufer/innen) / Schwünge (Rollstuhlfahrer/innen) mit Ball sind erlaubt.
- Gespielt wird zunächst mit einem mit Gummihaut ummantelten Schaumball, der von den Schüler/innen gut und schnell geworfen werden kann, aber bei Fangfehlern nicht an den Fingern schmerzt.
- Die Torraumlinie (Basketball-Dreipunktelinie) darf nicht betreten werden (Ruin et al., 2016, S. 135).

Es wird mit dieser Version begonnen, damit die Kinder die Probleme des regulären Spielbetriebs für das gemeinsame Spielen erkennen und verstehen, warum gewisse Regeln verändert werden müssen. In dieser Variante besitzen die Kinder mit Rollstuhl auch einen Vorteil gegenüber den Kindern ohne Rollstuhl. Die Torraumlinie darf zwar nicht überschritten werden, jedoch besagen die Regeln nicht, dass sie nicht "überfahren" werden darf. Das Spiel wird nun nach und nach durch verschiedene Regeln verändert:

- Kinder mit Rollstuhl dürfen nur noch einen bestimmten Anteil des Kreises befahren.
- Traditionelle Handballregeln werden eingeführt.
- Einführung der Abwehr, wodurch die Körperbetonung des Spiels offensichtlich wird.
- Einführung einer Rollizonierung, in der Sprungwürfe der anderen Spieler nicht erlaubt sind.
- Kinder mit Rollstuhl werden vornehmlich im Angriff eingesetzt; nach dem Angriff verlassen sie das Feld und werden durch einen Verteidigungsspieler ersetzt.
- Wechselregeln des Beachhandballs einführen, was leichter zu Überzahlsituationen führen kann.
- Geringere Spieleranzahl um Bewegungszeit und Ballkontakte zu erhöhen.
- Verzicht auf das Prellen.
- Kaiserturnier als Spielform, damit auf den unterschiedlichen Feldern nach unterschiedlichen Vorgaben gespielt werden kann, um so die Differenzierung zu erhöhen (vgl. Ruin et al., 2016, S. 137).

Ziel dieser Regelveränderungen ist, dass „eine aus taktischer Sicht sinnvolle spielerische Einbindung aller Beteiligten über Sieg und Niederlage des Teams entscheiden kann" (Ruin et al., 2016, S. 131). Dies führt zu einem Gefühl der Gemeinsamkeit und kann zur Stärkung des Selbstkonzeptes beitragen. Des Weiteren können Leistungen, die im Team erbracht wurden, zu einer veränderten Sichtweise der Kinder führen. Die Gleichaltrigen werden vermehrt wertgeschätzt, wodurch mehrheitlich ihre Stärken in den Fokus geraten (vgl. Ruin et al., 2016, S. 131). Eine mögliche Form des Kaiserturniers stellt die folgende Abbildung dar.

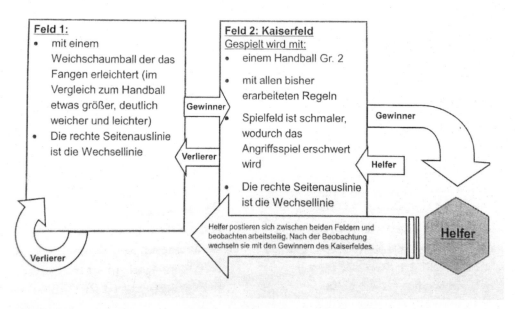

Abbildung 19: Das Kaiserturnier als Organisationsform für den Parallelenspielbetrieb (Ruin et al., 2016, S. 138)

Diese Form des Unterrichts ermöglicht es, dass es zu vielfältigen Spielsituationen kommt, die dem Leistungsvermögen einzelner Teams gerecht werden können. Die Differenzierungen auf den Feldern können variiert werden, damit der Fokus bei jeder Anwendung auf einer anderen Perspektive liegt. Schülerinnen und Schüler, die nicht am Spielbetrieb teilnehmen oder aufgrund einer ungeraden Mannschaftsanzahl warten müssen, können als Helfer eingesetzt werden. Damit soll erreicht werden, dass sich ihre Spielfähigkeit sowie ihre Regelkenntnisse verbessern und sie die Bedeutung des Fairplays im Sport erkennen (vgl. Ruin et al., 2016, S. 138).

Wie bereits gezeigt werden konnte, gibt es viele Möglichkeiten die Inklusion im Sportunterricht Realität werden zu lassen. Manchmal reicht ein Brett aus, das an Schaukelringen befestigt wird, manchmal müssen Regeln angepasst werden. Weitere Möglichkeiten zur Inklusion zeigen die folgenden Beispiele verschiedener Sportvereine auf.

7.2 Vereine

Eine Kooperation verschiedener Interessengruppen erreichte in Jena die Etablierung inklusiven Hockeys, während sich im Rollstuhlbasketball eine Sportart finden ließ, in der seit Jahren Menschen mit Beeinträchtigung erfolgreich trainieren, üben und Wettkämpfe austragen.

7.2.1 Hockey spielen in Jena

Im Jahre 2007 lebten in Jena circa 10'000 Menschen mit einer Beeinträchtigung und es kam der Gedanke auf nach Möglichkeiten zu suchen, wie Kinder, die von einer Beeinträchtigung betroffen sind, in Sportvereine eingegliedert werden können. Es entstand eine Zusammenarbeit zwischen dem Deutschen Hockey-Bund, dem SSC Jena e.V. und der Hockey Company Jena e.V. Ziel dieser Kooperation war das Zusammenführen von Kindern mit und ohne Beeinträchtigung durch den Hockeysport. Im Vorfeld wurde sichergestellt, dass die betroffenen Parteien, das heißt Kinder, Eltern, aber auch Vorstände und Trainer hinter der Idee standen, denn nur so konnte das Projekt realisiert werden. Der Vereinsbetrieb wird durch unterschiedliche Hockeygruppen bestimmt. Es gibt Trainingsgruppen ausschließlich für Kinder mit

Beeinträchtigungen, solche für Kinder ohne Beeinträchtigung und Integrationsgruppen. Wichtig für den Verein ist, dass alle Gruppen dauerhaft bestehen bleiben, so dass für jedes Kind eine Gruppe vorhanden ist, in der es sich wohlfühlt. Damit das gemeinsame Trainieren gelingt, werden Kinder mit Beeinträchtigung zuerst in einer eigenen Gruppe trainiert, in der sie die wichtigsten Techniken und Regeln der Sportart lernen. In dieser Zeit werden jedoch auch die anderen Kinder geschult und auf das gemeinsame Sporttreiben vorbereitet. Sie werden für mögliche Schwierigkeiten und die neuen Trainingsbedingungen sensibilisiert. Am Ende der Vorbereitungsphase wird mit den Eltern der Kinder mit Beeinträchtigung Rücksprache gehalten und entschieden, ob ein Kind in die Integrationsmannschaft wechseln soll oder nicht. Die Trainer bauen das Training in den Integrationsmannschaften entsprechend der Möglichkeiten der Kinder auf und können dabei auf die Erfahrungen aus den getrennten Trainingsgruppen zurückgreifen. Für Jena steht fest, dass sich die Mannschaftssportart optimal für die Integration/Inklusion von Kindern eignet und weitergeführt werden soll (vgl. Heubach, 2013, S. 202-207).

7.2.2 Rollstuhlbasketball

Rollstuhlbasketball ist eine anerkannte Sportart, die seit mehr als 50 Jahren besteht, die in mehr als 80 Ländern betrieben wird und in der internationale Wettkämpfe angeboten werden. Die Regeln des Rollstuhlbasketballs unterscheiden sich nicht erheblich von jenen des regulären Basketballs. Es wird auf einem identischen Spielfeld, mit gleich hohen Körben und im gleichen Zeitraster gespielt. Wie im regulären Basketball muss gedribbelt werden, die erlaubten Schritte wurden durch zweimaliges Anschieben der Räder ersetzt. Im Rollstuhlbasketball werden die verschiedenen Spieler entsprechend ihrer Beeinträchtigung klassifiziert und erhalten Punkte. Beispielsweise bekommt ein Spieler mit Schäden an den Menisken 4,5 Punkte, während ein Spieler mit Querschnittslähmung nur einen Punkt bekommt. Die Mannschaften werden so zusammengestellt, dass die Punktezahl aller fünf Spieler 14 Punkte nicht überschreitet. Frauen, die am Spiel beteiligt werden, erhalten 1,5 Bonuspunkte. Bis in die 90er Jahre wurden Menschen ohne Beeinträchtigung von dieser Sportart ausgeschlossen, ab 1996 war ihre Teilnahme in allen Ligen gestattet.

Die Integration fand in dieser Sportart also von der anderen Seite statt, hier hieß es: „Wir integrieren in unseren Sport auch Fußgänger!" (Hebbel-Seeger et al., 2014, S. 150). Doch bis heute sind Menschen ohne Beeinträchtigung im internationalen Spielbetrieb nicht spielberechtigt. Passend beschreibt Nicolai Zeltinger (Bundestrainer Rollstuhlbasketball Herren): „Das ist echt ein übles Gefühl. Man sitzt draußen und kann seiner Mannschaft nicht helfen, da merkt man als Fußgänger, wie es Rollstuhlfahrern geht, wenn sie ausgegrenzt werden" (Hebbel-Seeger et al., 2014, S. 151). Anlässe für viele Fußgänger diese Sportart zu betreiben, sind die eigene Neugier oder die Bekanntschaft von Menschen, die Rollstuhlbasketball spielen (vgl. Hebbel-Seeger et al., 2014, S. 148-156).

Rollstuhlbasketball eignet sich sehr gut für inklusive Prozesse, da durch die Klassifizierungen vergleichbare Teams aufgestellt werden, die gegeneinander antreten. Die Sportart wird sowohl im Freizeitbereich, als auch im Bereich des Spitzensportes betrieben und bietet für jeden vielfältige Möglichkeiten. Möglichkeiten, die ebenfalls in den Kontext der Schule übertragen werden können und genutzt werden sollten. Rollstuhlbasketball verlangt von allen Spielern, mit und ohne Beeinträchtigung, ausdifferenzierte koordinative und konditionelle Fähigkeiten und stellt für alle eine Herausforderung dar. Im Mittelpunkt der Sportart stehen die Chancengleichheit, die Überwindung von Vorurteilen und der Abbau von Barrieren sowie das Erleben von vergleichbaren Leistungen (vgl. Hebbel-Seeger et al., 2014, S. 155-157). „Auch beeinträchtigte Menschen messen sich gerne und der RBB bietet einen hervorragenden Schauplatz, um mit anderen, mit beeinträchtigten und nicht beeinträchtigten Sportlern, zu wetteifern" (Hebbel-Seeger et al., 2014, S. 158).

8 Fazit

> Ja, also mein Credo ist, ich unterrichte die Kids und nehme sie so, wie sie sind, und im Sportunterricht, nicht nur mit ihren kognitiven Fähigkeiten, egal wie begrenzt oder wie gut sie sind, sondern natürlich auch mit ihren körperlichen Fähigkeiten, ob sie eingeschränkt sind, unter irgendeiner Behinderung leiden, Defizite haben oder besonders talentiert sind, völlig wurscht. Also von daher, meine Aufgabe als Lehrer ist es die Kids **individuell zu fördern** und die gesamte Gruppe als Gruppe so zu formen, dass sie sich **gegenseitig akzeptieren** – Herr S., 51 Jahre alt, Gesamtschullehrer mit Erfahrung mit inklusivem Unterricht (König et al., 2015, S. 180; Hervorhebung durch Verfasserin).

Herr S. ist einer der wenigen Lehrkräfte, der sich mit dem Gedanken der Inklusion anfreunden kann, der ihn in seinem Unterricht lebt und an seine Schülerinnen und Schüler weitergibt. Eine Praxis, die noch viele Lehrkräfte für sich entdecken *müssen*, denn durch das vorliegende Buch konnte gezeigt werden, dass inklusiver Unterricht und inklusiver „Schulsport für alle […] möglich [ist]!" (Ruin et al., 2016, S. 105).

Zu Beginn des Buches wurde beschrieben, was alles nötig war, um zu dem Punkt zu gelangen, an dem inklusiver Unterricht nicht nur möglich, sondern auch rechtlich verbindlich war. Im Folgenden konnte das Buch die Fragen beantworten, was es für inklusiven Unterricht und speziell inklusiven Sportunterricht braucht bzw. welche Veränderungen stattfinden müssen. Prozesse der Veränderung müssen auf allen Ebenen angestoßen und vollzogen werden, damit inklusiver Unterricht gelingen kann. Es konnte deutlich gemacht werden, dass es

> [a]uf dem Weg zur inklusiven Schule […] nicht [gilt], Ungleiches gleich zu machen, sondern darum den schmalen Grad zwischen gleichberechtigtem gemeinsamen Lernen und notwendiger zusätzlicher Förderung zu erkennen, um dadurch Beeinträchtigung auszugleichen und Begabungen weiterzuentwickeln (Hensen et al., 2014, S. 114).

Inklusion ist kein Prozess der von heute auf morgen passiert, es ist ein Prozess der bereits vor einigen Jahren begonnen hat, Stück für Stück vorankommt, noch immer andauert und als nie endend angesehen werden kann (vgl. Speck, 2011, S. 72 & 108; Werning, 2014, S. 606).

Für den Sport und den Sportunterricht kann eine herausragende Rolle für die Inklusion bestätigt werden. Dies allerdings nur dann, wenn sie die beteiligten

Akteure darauf einlassen und wie Herr S. zu 100% hinter dem Gedanken der Inklusion stehen. Dafür benötigt es eine veränderte Sichtweise der Lehrkräfte. Weg vom „Rollstuhlfahrer als Schiedsrichter" (König et al., 2015, S.37) hin zum vollwertigen Mitglied der Klassengemeinschaft, dem eine gleichberechtigte Teilhabe an allen Aktivitäten gewährleistet werden muss. Viele der Veränderungen hängen von den Menschen selbst und ihren Einstellungen ab. Dass inklusiver Sportunterricht möglich ist, beweisen die vielen verschiedenen Unterrichtskonzepte und die diversen Best Practice Beispiele. Doch diese Methoden werden nur dann angewendet, wenn es zu einem „Einstellungs- und Mentalitätenwandel [kommt], der dazu führt, dass die Vielfalt in der Gesellschaft akzeptiert und ihr Wertschätzung entgegengebracht wird" (Hensen et al., 2014, S. 275-276).

Für die Zukunft ist es wichtig, dass immer mehr Menschen aktiv an inklusiven Prozessen teilnehmen. Damit dies geschehen kann, muss an der Basis gearbeitet werden und das sind die Kinder und Jugendlichen von Morgen. Doch damit sie eine positive Einstellung zur Inklusion entwickeln können, muss zuerst bei den Lehrkräften angesetzt werden. Diese stehen der Inklusion zum größten Teil positiv gegenüber, benötigen jedoch eine adäquate Ausbildung, die sie auf die neuen Gegebenheiten der Schule vorbereitet und ihre Lehrerkompetenzen fördert. Kann diese gewährleistet werden, müssen Veränderungen in den Schulen stattfinden, denn für einen erfolgreichen inklusiven Unterricht benötigt es ein Zwei-Pädagogen-System, kleinere Klassen, vielfältige Möglichkeiten zur Weiterbildung, eine Klärung der unterschiedlichen Rollen und ein unterstützendes soziales Umfeld (vgl. Ruin, 2016, S. 105; Reuker et al., 2016, S. 96 & 98).

> Um eine vollständig inkludierte Gesellschaft zu werden, müssen noch viele Weichen gestellt und Hürden genommen werden. Dies betrifft sowohl die Schaffung rechtlicher Rahmenbedingungen, die Bereitstellung finanzieller Mittel für Aus- und Weiterbildung und für flächendeckende Barrierefreiheit als auch den Abbau von Vorurteilen und Ängsten gegenüber Menschen mit Behinderungen, die in unserer Gesellschaft noch immer eine Rolle spielen (Heubach, 2013, S. 184-185).

9 Literaturverzeichnis

Ahrbeck, Bernd (2014). Schulische Inklusion – Möglichkeiten, Dilemmata und Widersprüche. *Soziale Passagen, 2014* (6), 5-19.

Amrhein, Bettina (2011). *Inklusion in der Sekundarstufe. Eine empirische Analyse.* Bad Heilbrunn: Verlag Julius Klinkhardt.

Balz, Hans-Jürgen, Benz, Benjamin & Kuhlmann, Carola (Hrsg.). (2012). *Soziale Inklusion. Grundlagen, Strategien und Projekte der sozialen Arbeit.* Wiesbaden: Springer VS.

Blanck, Jonna M., Edelstein, Benjamin & Powell, Justin J.W. (2012). Der steinige Weg zur Inklusion. Schulreformen in Deutschland und die UN-Behindertenrechtskonvention. *WZB Mitteilungen, 2012* (138), 17-20.

Blömer, Daniel, Lichtblau, Michael, Jüttner, Ann-Kathrin, Koch, Katja, Krüger, Michaela & Werning, Rolf (Hrsg.). (2015). *Perspektiven auf inklusive Bildung. Gemeinsam anders lehren und lernen.* Wiesbaden: Springer VS.

Blum, Volker & Diegelmann, Elmar (2014). *Grundkurs Schulmanagement VI. So kann Inklusion an Schulen gelingen! Praxisberichte aus unterschiedlichen Perspektiven.* Kronach: Carl Link.

Boban, Ines, Hinz, Andreas, Plate, Elisabeth & Tiedeken, Peter (2014). Inklusion in Worte fassen – eine Sprache ohne Kategorisierung? In Saskia Schuppener, Nora Bernhard, Mandy Hauser & Frederik Poppe, *Inklusion und Chancengleichheit. Diversity im Spiegel von Bildung und Didaktik* (S. 19-24). Bad Heilbrunn: Verlag Julius Klinkhardt.

Booth, Toni & Ainscow, Mel (2011). *Index for inclusion. Developing learning and participation in schools* (3., kompl. neu überarb. Aufl.). Bristol: Centre for Studies on Inclusive Education.

Clemenz, Mariann (2012). *Inklusion geistig behinderter Menschen in Deutschland.* Unveröffentlichte Bachelorarbeit, Institut für Geschichte und Soziologie, Universität Konstanz.

Cook, Lynne & Friend, Marilyn (1995). Co-teaching. Guidelines for creating effective practices. *Focus on Exceptional Children, 28* (3), 1-16.

Degener, Theresia (2009). Die UN-Behindertenrechtskonvention als Inklusionsmotor. *Recht der Jugend und des Bildungswesens, 2009* (2), 200-219.

Degener, Theresia & Diehl, Elke (Hrsg.). (2015). *Handbuch Behindertenrechtskonvention. Teilhabe als Menschenrecht – Inklusion als gesellschaftliche Aufgabe*. Bonn: Bundeszentrale für politische Bildung.

Demmer, Marianne (2007). Verwirklichung des Rechts auf Bildung in Deutschland. Die schwierige Rolle von Pädagoginnen und Pädagogen. In Bernd Overwien, *Recht auf Bildung. Zum Besuch des Sonderberichterstatters der Vereinten Nationen in Deutschland* (S. 157-179). Opladen: Budrich.

Deutscher Bildungsrat (1975). *Bericht, 75 – Entwicklung im Bildungswesen*. Bonn: (o.V.).

Dörner, Klaus (1994). Wir erstehen die Geschichte der Moderne nur mit den Behinderten vollständig. *Zeitschrift für Sozialwissenschaften, 1994* (3), 367-390.

Eckart, Michael, Haeberlin, Urs, Lozano, Caroline Sahli & Blanc, Philippe (2011). *Langzeitwirkungen der schulischen Integration*. Bern/Stuttgart/Wien: Haupt Verlag.

Füssel, Hans-Peter & Kretschmann, Rudolf (1993). *Gemeinsamer Unterricht für behinderte und nicht-behinderte Kinder*. Witterschlick/Bonn: Wehle.

Habel, Luise (1994). *Herrgott schaff die Treppen ab*. Stuttgart: o.V.

Haeberlin, Urs, Eckart, Michael, Lozano, Caroline Sahli & Blanc, Philippe (2011). Schulische Separation und die berufliche Situation im frühen Erwachsenenalter. In Luise Ludwig, Helga Luckas, Franz Hamburger, & Stefan Aufenanger, *Bildung in der Demokratie II* (S. 55-68). Opladen: Budrich.

Harth, Ulrike, Ockenfels, Irene, Rommerskirche, Annette, Scheuer, Thomas M., Stöver, Sabine & Wogenstein, Ingrid (1993). *Gemeinsamer Unterricht von behinderten und nichtbehinderten Kindern und Jugendlichen in der*

Sekundarstufe I der Gesamtschule Köln-Holweide. Frechen: Verlagsgesellschaft Ritterbach.

Heebel-Seeger, Andreas, Horky, Thomas & Schulke, Hans-Jürgen (Hrsg.). (2013). *Sport und Inklusion – Ziemlich beste Freunde?!* Aachen: Meyer & Meyer Verlag.

Heimlich, Ulrich & Behr Isabel (Hrsg.). (2009). *Inklusion in der frühen Kindheit. Internationale Perspektiven.* Berlin: LIT Verlag Dr. W. Hopf.

Hensen, Gregor, Küstermann, Burkhard, Maykus, Stephan, Riecken, Andrea, Schinnenburg, Heike & Wiedebusch, Silvia (Hrsg.). (2014). *Inklusive Bildung. Organisations- und professionsbezogene Aspekte eines sozialen Programms.* Weinheim und Basel: Beltz Juventa.

Hering, Sabine (2009). „Schule für alle" = Bildungschancen für alle? *Sozial Extra, 33* (9), 17-19.

Heubach, Pieter (2013). *Inklusion im Sport. Schul- und Vereinssport im Fokus.* Hamburg: disserta Verlag.

Hillenbrand, Clemens (2013). Inklusive Bildung in der Schule. Probleme und Perspektiven für die Bildungsberichterstattung. *Zeitschrift für Heilpädagogik, 64* (9), 359-369.

Hinz, Andreas (2002). Von der Integration zur Inklusion: -terminologisches Spiel oder konzeptionelle Weiterentwicklung? *Zeitschrift für Heilpädagogik, 2002* (9), 354-361.

Hinz, Andreas (2007). Inklusion – Vision und Realität. In Dieter Katzenbach, *Vielfalt braucht Struktur. Heterogenität als Herausforderung für die Unterrichts- und Schulentwicklung.* Frankfurt am Main: Books on Demand GmbH.

Hinz, Andreas & Niehoff, Ulrich (2008). Bürger sein. Zur gesellschaftlichen Position von Menschen, die als geistig behindert bezeichnet werden. *Geistige Behinderung, 47 (2),* 107-117.

Jürgens, Eiko & Miller, Susanne (Hrsg.). (2013). *Ungleichheit in der Gesellschaft und Ungleichheit in der Schule. Eine interdisziplinäre Sicht auf Inklusions- und Exklusionsprozesse.* Weinheim und Basel: Beltz Juventa.

Kahlert, Joachim & Heimlich, Ulrich (2012). *Inklusion in Schule und Unterricht. Wege zur Bildung für alle.* Stuttgart: Kohlhammer.

Kemper, Thomas & Weishaupt, Horst (2011). Zur Bildungsbeteiligung ausländischer Schüler an Förderschulen - unter besonderer Berücksichtigung der spezifischen Staatsangehörigkeit. *Zeitschrift für Heilpädagogik, 62* (10), 419-431.

Kleindienst-Cachay, Christa, Cachay, Klaus, Bahlke, Steffen & Teubert, Hilke (2012). *Inklusion und Integration. Eine empirische Studie zur Integration von Migrantinnen und Migranten im organisierten Sport.* Schorndorf: Hofmann-Verlag.

Klieme, Eckhard, Avenarius, Hermann, Blum, Werner, Döbrich, Peter, Gruber, Hans, Prenzel, Manfred, Reiss, Kristina, Riquarts, Kurt, Rost, Jürgen, Tenroth, Heinz-Elmar & Vollmer, Helmut J. (2003). *Zur Entwicklung nationaler Bildungsstandards. Eine Expertise.* Berlin: Bundesministerium für Bildung und Forschung.

Klingen, Paul (2012). *Sportunterricht in der beruflichen Schule.* Baltmannsweiler: Schneider Verlag Hohengehren.

König, Stefan, Meier Stefan & Ruin, Sebastian (Hrsg.). (2015). *Inklusion als Herausforderung, Aufgabe und Chance für den Schulsport.* Berlin: Logos Verlag.

Kreuzer, Max & Ytterhus, Borgunn (Hrsg.). (2008). *„Dabeisein ist nicht alles". Inklusion und Zusammenleben im Kindergarten.* München: Ernst Reinhardt Verlag.

Kuhl, Poldi, Stanat, Petra, Lütje-Klose, Birgit, Gresch, Cornelia, Anand Pant, Hans & Prenzel, Manfred (Hrsg.). (2015). *Inklusion von Schülerinnen und Schülern mit sonderpädagogischem Förderbedarf in Schulleistungserhebungen.* Wiesbaden: Springer VS.

Landesinstitut für Schule und Medien Berlin-Brandenburg (LISUM) (2012). *Kompetenzen im Sportunterricht entwickeln. Dokumentation und*

Materialien der 2. Fachtagung Berliner Schulsport am 4. Mai 2011. Potsdamm: Gieselmann Druck und Medienhaus GmbH & Co. KG.

Leineweber, Helga, Meier, Stefan & Ruin, Sebastian (2015). Alle inklusive?! *Sportunterricht, 64* (1), 9-14.

Markowetz, Reinhard (2007). Inklusion und soziale Integration von Menschen mit Behinderung. In Günther Cloerkes, *Soziologie der Behinderten. Eine Einführung* (S. 207-278). Heidelberg: Universitätsverlag Winter.

Moser Vera & Lütje-Klose, Birgit (Hrsg.). (2016). *Schulische Inklusion.* Weinheim und Basel: Beltz Juventa.

Myklebust, Jon Olav (2006). Class placement and competence attainment among students with special education needs. *British Journal of Special Education, 33* (2), 76-81.

Oymanns, Sabine (2015). *Herausforderungen in der Umsetzung der schulischen Inklusion. Chancen der reflexiven Bearbeitung unter Nutzung von Social Network.* Wiesbaden: Springer VS.

Powell, Justin J. W. & Pfahl, Lisa (2009). Ein kontinuierlicher deutscher Sonderweg ? In Sabine Knauer, Jörg Ramseger, *Welchen Beitrag leistet die schulische Integration von Menschen mit Behinderungen auf dem Weg in den ersten Arbeitsmarkt? (S. 61-73).* Berlin: BMAS.

Prengel, Annedore (2006). *Pädagogik der Vielfalt. Verschiedenheit und Gleichberechtigung in Interkultureller, Feministischer und Integrativer Pädagogik* (3. Aufl.). Wiesbaden: VS Verlag für Sozialwissenschaften.

Preuss-Lausitz, Ulf (1993). *Die Kinder des Jahrhunderts. Zur Pädagogik der Vielfalt im Jahr 2000.* Weinheim und Basel: Beltz Verlag.

Rehle, Cornelia (2009). Grundlinien einer inklusiven, entwicklungsorientierten Didaktik. In Pius Thoma & Cornelia Rehle, *Inklusive Schule. Leben und Lernen mittendrin* (S. 183-193). Bad Heilbrunn: Verlag Julius Klinkhardt.

Reich, Kersten (2008). *Konstruktivistische Didaktik. Lehr- und Studienbuch mit Methodenpool.* Weinheim und Basel: Beltz Verlag.

Reich, Kersten (Hrsg.). (2012). *Inklusion und Bildungsgerechtigkeit. Standards und Regeln zur Umsetzung einer inklusiven Schule.* Weinheim und Basel: Beltz Verlag.

Reich, Kersten (2014). *Inklusive Didaktik. Bausteine für eine inklusive Schule.* Weinheim und Basel: Beltz Verlag.

Reuker, Sabine, Rischke, Anne, Kämpfe, Astrid, Schmitz, Björn, Teubert, Hilke, Thissen, Anne & Wiethäuper, Holger (2016). Inklusion im Sportunterricht. Ein Überblick über internationale Forschungsergebnisse aus den Jahren 2005-2014. *Sportwissenschaft, 2016* (46), 88-101.

Ruin, Sebastian, Meier, Stefan, Leineweber, Helga, Klein, Daniel & Buhren, Claus G. (Hrsg.). (2016). *Inklusion im Sport. Anregungen und Reflexionen.* Weinheim und Basel: Beltz Verlag.

Schwab, Susanne & Seifert, Susanne (2015). Einstellungen von Lehramtsstudierenden und Pädagogikstudierenden zur schulischen Inklusion – Ergebnisse einer quantitativen Untersuchung. *Zeitschrift für Bildungsforschung, 2015* (5), 73-87.

Sermier Dessemontet, Rachel, Benoit, Valérie & Bless, Gérard (2011). Schulische Integration von Kindern mit einer geistigen Behinderung - Untersuchung der Entwicklung der Schulleistungen und der adaptiven Fähigkeiten, der Wirkung auf die Lernentwicklung der Mitschüler sowie der Lehrereinstellungen zur Integration. *Empirische Sonderpädagogik, 2011* (4), 291-307.

Siedenbiedel, Catrin & Theurer, Caroline (Hrsg.). (2015a). *Grundlagen inklusiver Bildung Teil 1. Inklusive Unterrichtspraxis und -entwicklung.* Immenhausen bei Kassel: Prolog-Verlag.

Siedenbiedel, Catrin & Theurer, Caroline (Hrsg.). (2015b). *Grundlagen inklusiver Bildung Teil 2. Entwicklung zur inklusiven Schule und Konsequenzen für die Lehrerbildung.* Immenhausen bei Kassel: Prolog-Verlag.

Speck, Otto (2011). *Schulische Inklusion aus heilpädagogischer Sicht. Rhetorik und Realität.* (2. Aufl.). München: Ernst Reinhardt Verlag.

Stellbrink, Mareike (2012). Inklusion als Herausforderung für die Entwicklung von Unterricht, Schule und Lehrerbildung. In Sara Fürstenau, *Interkulturelle Pädagogik und sprachliche Bildung. Herausforderungen für die Lehrerbildung* (S. 83-100). Wiesbaden: Springer VS.

Tiemann, Heike (2013). Inklusiver Sportunterricht. *Sportpädagogik, 37* (6), 47-50.

Trumpa, Silke, Janz, Frauke, Heyl, Vera & Seifried, Stefanie (2014). Einstellungen zu Inklusion bei Lehrkräften und Eltern – Eine schulartspezifische Analyse. *Zeitschrift für Bildungsforschung, 2014* (4), 241-256.

Valtin, Renate, Sander, Alfred & Reinartz, Anton (Hrsg.). (1984). *Gemeinsam leben – gemeinsam lernen. Behinderte Kinde in der Grundschule. Konzepte und Erfahrungen.* Frankfurt am Main: Arbeitskreis Grundschule e.V.

Wansing, Gudrun & Westphal, Manuel (Hrsg.). (2014). *Behinderung und Migration. Inklusion, Diversität, Intersektionalität.* Wiesbaden: Springer VS.

Werning, Rolf (2014). Stichwort: Schulische Inklusion. *Zeitschrift für Erziehungswissenschaft, 2014* (17), 601-623.

Wilhelm, Marianne (2009). *Integration in der Sekundarstufe I und II. Wie die Umsetzung im Fachunterricht gelingt.* Weinheim und Basel: Beltz.

Wishart, Diane & Jahnukainen, Markku (2010). Difficulties associated with the coding and categorization of students with emotional and behavioral disabilities in Alberta. *Emotional and Behavioural Difficulties, 15*, 181-187.

Wocken, Hans (2007). Fördert die Förderschule? Eine empirische Rundreise durch Schulen für „optimale Förderung". In Irene Demmer-Dieckmann & Annette Textor, *Integrationsforschung und Bildungspolitik im Dialog* (S. 35-59). Bad Heilbrunn: Verlag Julius Klinkhardt.

Wocken, Hans & Gröhlich, Carola (2009). Kompetenzen und Einstellungen von Schülerinnen und Schülern an Hamburger Förderschulen. In Wilfried Bos, Martin Bonsen & Carola Gröhlich, *KESS 7 – Kompetenzen und*

Einstellungen von Schülerinnen und Schülern an Hamburger Schulen zu Beginn der Jahrgangsstufe 7 (S. 133-142). Münster: Waxmann.

Wurzel, Bettina (2008). Mehrperspektivischer Sportunterricht in heterogenen Gruppen von nichtbehinderten und behinderten Schülern – Was über „erstbeste Lösungen hinausgeht. In Friedhold Fediuk, *Inklusion als bewegungspädagogische Aufgabe. Menschen mit und ohne Behinderung im Sport* (S. 123-141). Baltmannsweiler: Schneider Hohengehren.

Internetquellen

Aktion Mensch (o.J.). „Inklusion in 80 Sekunden erklärt". Zugriff am 11. August 2016 unter https://www.aktion-mensch.de/themen-informieren-und-diskutieren/was-ist-inklusion.html

Autorengruppe Bildungsberichterstattung (2014). „Bildung in Deutschland 2014. Ein indikatorengestützter Bericht mit einer Analyse zur Bildung von Menschen mit Behinderungen". Zugriff am 11. August 2016 unter http://www.bildungsbericht.de/de/bildungsberichte-seit-2006/bildungsbericht-2014/pdf-bildungsbericht-2014/bb-2014.pdf

Baumbach, Anke, Drücker, Ansgar, Fuß, Manfred, Pieper, Jana, Röhm, Ines & Rosellen, Andreas (Dezember 2015). „Vielfalt auf Kinder- und Jugendreisen". Zugriff am 22. August 2016 unter http://www.futurel.de/img/marken/vielfalt-doku.pdf

Black, Ken & Stevenson, Pam (2012). „Information and advice. The Inclusion Spectrum incorporating STEP". Zugriff am 24. August 2016 unter file:///C:/Users/Sara/Downloads/Inclusion%20spectrum%20guidance.pdf

Blanck, Jonna M. (Juni 2015). „Die vielen Gesichter der Inklusion. Wie SchülerInnen mit Behinderung unterrichtet werden, unterscheidet sich innerhalb Deutschlands stark". Zugriff am 11. August 2016 unter https://bibliothek.wzb.eu/wzbrief-bildung/WZBriefBildung302015_blanck.pdf

Boban, Ines & Hinz, Andreas (2003). „Index für Inklusion Lernen und Teilhabe in der Schule der Vielfalt entwickeln". Zugriff am 13. August 2016 unter http://www.eenet.org.uk/resources/docs/Index%20German.pdf

BRK-Allianz (2013). „Für Selbstbestimmung, gleiche Rechte, Barrierefreiheit, Inklusion! Erster Bericht der Zivilgesellschaft zur Umsetzung der UN-Behindertenrechtskonvention in Deutschland". Zugriff am 9. August 2016 unter http://www.brk-allianz.de/attachments/article/93/parallelbericht_barrierefrei_layoutfassung.pdf

Bundesministerium der Justiz und für Verbraucherschutz (Juni 2001). „Sozialgesetzbuch (SGB) Neuntes Buch (IX) - Rehabilitation und Teilhabe behinderter Menschen". Zugriff am 5. August 2016 unter https://www.gesetze-im-internet.de/bundesrecht/sgb_9/gesamt.pdf

Bundesministerium für Arbeit und Soziales (2011). „Unser Weg in eine inklusive Gesellschaft. Der Nationale Aktionsplan der Bundesregierung zur Umsetzung der UN-Behindertenrechtskonvention". Zugriff am 9. August 2016 unter http://www.bmas.de/SharedDocs/Downloads/DE/PDF-Publikationen/a740-nationaler-aktionsplan-barrierefrei.pdf;jsessionid=356EE1BCE23F79011E3147D0F6E4CCCB?__blob=publicationFile&v=2

Bundesministerium für Arbeit und Soziales (2013). „Teilhabebericht der Bundesregierung über die Lebenslagen von Menschen mit Beeinträchtigungen. Teilhabe – Beeinträchtigung – Behinderung". Zugriff am 23. August 2016 unter https://www.bmas.de/SharedDocs/Downloads/DE/PDF-Publikationen/a125-13-teilhabebericht.pdf?__blob=publicationFile

Deutsches Institut für Menschenrechte (März 2011). „Stellungnahme der Monitoring-Stelle. Eckpunkte zur Verwirklichung eines inklusiven Bildungssystems (Primarstufe und Sekundarstufen I und II). Empfehlungen an die Länder, die Kultusministerkonferenz (KMK) und den Bund". Zugriff am 14. August 2016 unter http://www.institut-fuer-menschenrechte.de/fileadmin/user_upload/PDF-Dateien/Stellungnahmen/stellungnahme_der_monitoring_stelle_eckpunkte_zur_verwirklichung_eines_inklusiven_bildungssystems_31_03_2011.pdf

Die Landesregierung Nordrhein-Westfalen (März 2011). „Auf dem Weg zum Aktionsplan. Zwischenbericht der Landesregierung Nordrhein-Westfalen zum Stand der Vorbereitungen des Aktionsplanes ‚Eine Gesellschaft für alle - NRW inklusiv'". Zugriff am 11. August 2016 unter http://www.bug-nrw.de/cms/upload/pdf/Inklusion/110321_zwischenbericht_nrw_inklusiv.pdf

Dietze, Thorsten (2011). „Sonderpädagogische Förderung in Zahlen - Ergebnisse der Schulstatistik 2009/10 mit einem Schwerpunkt auf der Analyse regionaler Disparitäten". Zugriff am 11. August 2016 unter http://www.inklusion-online.net/index.php/inklusion-online/article/view/88/88

Doll-Tepper, Gudrun, Blessing-Kapelke, Ute, Härtel, Thomas, Wiesel-Bauer, Lars, Gramkow, Kristine, Wiencek, Winfried, Fiebiger, Peter, Conrads, Bernhard, Albrecht, Sven & Schmidt-Gotz, Erika (Januar 2013). „Bewegung leben – Inklusion leben - Wege und Beiträge des organisierten Sports in Deutschland zu einer inklusiven Gesellschaft". Zugriff am 5. August 2016 unter http://www.dbs-npc.de/tl_files/dateien/sportentwicklung/inklusion/Bewegung%20leben%20-%20Inklusion%20leben_Wege%20des%20organisierten%20Sports%20in%20Deutschland.pdf

Eiseler, Yvonne, Kornmann, Reimer, Luthringhausen, Daniel & Wiegel, Christian (Juli 2016). „Planung inklusiv orientierten Unterrichts vor dem Hintergrund der Ansprüche einzelner Kinder – zwei Beispiele aus dem Sportunterricht mit motorisch beeinträchtigten Schülerinnen und Schülern". Zugriff am 22. August 2016 unter http://www.inklusion-online.net/index.php/inklusion-online/article/view/68/68

European Agency for Development in Special Needs Education (2012). "Teacher Education for Inclusion. Profile of inclusive Teachers". Zugriff am 17. August 2016 unter https://www.european-agency.org/sites/default/files/Profile-of-Inclusive-Teachers.pdf

Hüppe, Hubert (2013). „Bilanz des Beauftragten der Bundesregierung für die Belange behinderter Menschen. 17. Legislaturperiode". Zugriff am 24. August 2016 unter https://www.behindertenbeauftragter.de/SharedDocs/Downloads/DE/Bilanz.pdf?__blob=publicationFile

Kultusministerkonferenz (März 2000). „Empfehlungen zum Förderschwerpunkt emotionale und soziale Entwicklung". Zugriff am 14. August 2016 unter http://www.kmk.org/fileadmin/Dateien/veroeffentlichungen_beschluesse/2000/2000_03_10-FS-Emotionale-soziale-Entw.pdf

Kultusministerkonferenz (März 2010). „Förderstrategie für leistungsschwächere Schülerinnen und Schüler". Zugriff am 20. August 2016 unter http://www.kmk.org/fileadmin/Dateien/veroeffentlichungen_beschluesse/2010/2010_03_04-Foerderstrategie-Leistungsschwaechere.pdf

Kultusministerkonferenz (Oktober 2011) „Inklusive Bildung von Kindern und Jugendlichen mit Behinderungen in Schulen". Zugriff am 9. August 2016 unter http://kmk.org/fileadmin/veroeffentlichungen_beschluesse/2011/2011_10_20-Inklusive-Bildung.pdf

Malecki, Andrea (2013). „Sonderpädagogische Förderung in Deutschland – eine Analyse der Datenlage in der Schulstatistik". Zugriff am 11. August 2016 unter https://www.destatis.de/DE/Publikationen/WirtschaftStatistik/BildungForschungKultur/SonderpaedagogischeFoerderung_52013.pdf?__blob=publicationFile

Mandela, Nelson (2000). „Fast Facts". Zugriff am 18. August 2016 unter http://www.michael-teuber.de/laureus.html

Ministerium der Justiz Rheinland-Pfalz (März 2004). „Schulgesetz (SchulG)". Zugriff am 14. August 2016 unter http://landesrecht.rlp.de/jportal/?quelle=jlink&query=SchulG+RP+%C2%A7+3&psml=bsrlpprod.psml

Moen, Torill (2004). „'Kids need to be seen'. A Narrative Study of a Teacher's Inclusive Education". Zugriff am 23. August 2016 unter http://www.diva-portal.org/smash/get/diva2:124828/FULLTEXT01.pdf

Muñoz, Vernor (2007). „Implementation of General Assembly Resolution 60/251 of 15 March 2006 entitled 'Human Rights Council'. Mission to Germany. (13-21 February 2006)". Zugriff am 13. August 2016 unter http://www.netzwerk-bildungsfreiheit.de/pdf/Munoz_Mission_on_Germany.pdf

(o.A.) (September 2013). „Unser Bildungssystem". Zugriff am 6. August 2016 unter http://de.webfail.com/955303f7c45

Powell, Justin J. W. & Pfahl, Lisa (2012). „Sonderpädagogische Fördersysteme". Zugriff am 11. August 2016 unter file:///C:/Users/Sara/Downloads/2012_Sonderpadagogische_Fordersysteme..pdf

Spiegel Online (Januar 2013). „Integration behinderter Kinder: ´Alle sind überfordert´". Zugriff am 17. August 2016 unter http://www.spiegel.de/schulspiegel/inklusion-probleme-bei-integration-behinderter-kinder-in-regelschulen-a-876847.html

Statistisches Bundesamt (Hrsg.). (März 2012). „Schulen auf einen Blick". Zugriff am 11. August 2016 unter https://www.destatis.de/ DE/Publikationen/Thematisch/BildungForschungKultur/Schulen/Broschuer eSchulenBlick0110018129004.pdf?__blob=publicationFile

Tomaševski, Katarina (2011). „Human rights obligations: making education available, accessible, acceptable and adaptable". Zugriff am 13. August 2016 unter http://www.right-to-education.org/sites/right-to-education.org/ files/resource-attachments/Tomasevski_Primer%203.pdf

UNESCO (Juni 1994) „The Salamanca Statement and Framework for Action on Special Needs Education". Zugriff am 7. August 2016 unter http://www.unesco.org/education/pdf/SALAMA_E.PDF

UNESCO (2010). „Inklusion: Leitlinien für die Bildungspolitik". (2. Aufl.). Zugriff am 9. August 2016 unter https://www.unesco.de/fileadmin/medien/ Dokumente/Bildung/InklusionLeitlinienBildungspolitik.pdf

UNESCO (2015). „Weltbericht Bildung für Alle 2015". Zugriff am 9. August 2016 unter http://unesdoc.unesco.org/images/0023/002346/234659GER.pdf

Vereinte Nationen (1948). „Universal Declaration of Human Rights". Zugriff am 6. August 2016 unter http://www.ohchr.org/EN/UDHR/Documents/UDHR_ Translations/eng.pdf

Vereinte Nationen (November 1959). „Declaration of the Rights of the Child". Zugriff am 7. August 2016 unter http://www.unicef.org/malaysia/1959-Declaration-of-the-Rights-of-the-Child.pdf

Vereinte Nationen (November 1989) „Convention on the Rights of the Child". Zugriff am 7. August 2016 unter http://www.kinderrechtskonvention.info/ recht-auf-bildung-recht-auf-schule-3620/

Vereinte Nationen (März 1990). „World Declaration on Education for All". Zugriff am 7. August 2016 unter http://www.un-documents.net/jomtien.htm

Vereinte Nationen (Dezember 2006) „Convention on the Rights of Persons with Disabilities". Zugriff am 8. August 2016 unter http://www.un.org/ disabilities/convention/conventionfull.shtml

Wocken, Hans (1998). „Gemeinsame Lernsituationen. Eine Skizze zur Theorie des gemeinsamen Unterrichts". Zugriff am 22. August 2016 unter http://www.hans-wocken.de/Werk/werk23.pdf

Wocken, Hans (Februar 2009). „Inklusion und Integration: Ein Versuch, die Integration von der Abwertung und die Inklusion vor der Träumerei zu bewahren". Zugriff am 5. August 2016 unter http://www.inklusion20.de/material/inklusion/Inklusion%20vs%20Integration_Wocken.pdf

World Health Organization (1993). "International Classification of Impairments, Disabilities, and Handicaps. A manual of classification relating to the consequences of disease". Zugriff am 5. August 2016 unter http://apps.who.int/iris/bitstream/10665/41003/1/9241541261_eng.pdf

World Health Organization (2015). "Disability and Health. Facts sheet N°352". Zugriff am 5. August 2016 unter http://www.who.int/mediacentre/factsheets/fs352/en/

10 Anhang

1 Statements Grundschullehrkräfte 153

2 Statements Schüler 156

3 Statements Sportlehrkräfte 157

1 Statements Grundschullehrkräfte

Aus: *Grundlagen inklusiver Bildung. Teil 2*, Siedenbiedel & Theurer, 2015b, S. 182-189.

<u>Inklusion als Gewinn:</u>

„Die Akzeptanz der Kinder untereinander ist viel, viel grösser. Die wächst von selbst."

„Sie ist dadurch – ein ganz kleines, zierliches Persönchen – lebhaft geworden. Es tut gut, das zu sehen. Aber wir wären wahrscheinlich alleine nicht zu ihr durchgedrungen […]." (Auswirkungen der Inklusion und der Förderlehrkräfte auf ein introvertiertes Mädchen).

<u>Mögliche Hindernisse/Herausforderungen</u>

„Ich finde, die Ausbildung muss sich ändern. Ich bin nicht darin geschult, Diagnosen zu stellen. Ich bin nicht darin geschult, Lernschwächen zu erkennen. Und ich wurde auch nie darin geschult, individuell zu fördern. Und auch nicht darin, was das bedeutet. Und dann wird man in eine Klasse geworfen und sieht 25 Kinder und jeder ist unterschiedlich und jeder steht woanders und man denkt: ‚Oh Gott, wie soll ich denn das jetzt hier machen?' Ich kann's auch immer noch nicht. Also das ist ganz schwierig, sich dort in diesem Bereich sicher zu fühlen."

„Anders ist, dass ich mir wirklich jedes Kind angucken muss, weil es eine unendliche Schere ist. Eine Schere ist immer da, aber diesmal habe ich Kinder, die können nicht zählen, und ich hab welche, die können schon Plus und Minus bis zwanzig rechnen. Und jetzt muss ich gucken, wo nehme ich diese Kinder heraus und was gebe ich ihnen, was mache ich mit ihnen, was mir auch nicht immer gelingt. Da muss man reinwachsen."

<u>Leistungserreichung/-bewertung</u>

„Und auch gerade in Klasse vier ist es nicht so leicht, weil man ja dahin will, dass die Kinder alle die gleichen Kompetenzen erreichen. Also das ist ja das

Ziel, dass sie am Ende von Klasse vier gewisse Kompetenzen erreichen. Denn wenn sie diese nicht erreicht haben, kann ich sie ja nicht an eine weiterführende Schule weitergeben. Das passt eigentlich nicht. Ich finde nicht dass die Kerncurricula mit dem System individuelle Förderung und jetzt auch mit Inklusion zusammenpassen. Das geht nicht auf. Das passt nicht. […] Das finde ich unmöglich. Sie sagen, ihr müsst das und das erreichen und auf der anderen Schiene sagen sie, aber holt das Kind da ab, wo es ist. Kann ich aber nicht, wenn ich etwas erreichen muss. Kann ich nicht. Wie denn?"

„Entweder ist es mir egal, ob ich die Ziele erreiche und ich schaue, wo die Kinder stehen oder mir ist egal, wo sie stehen und ich sorge dafür, dass ich diese Ziele irgendwie durchziehe und, dass ein Teil sie erreicht und der andere Teil hat Pech gehabt."

„Man muss dann in dem Moment entscheiden: ‚dieser Auftrag ist mir egal'. Und dann muss man auch lernen, sich über andere Dinge hinwegzusetzen oder die anders zu machen als andere."

„Zum einen, jeden Schüler da abzuholen, wo er steht und zum anderen, jeden Schüler zu dem zu bringen, was er leisten kann. Also nicht: Ich habe am Ende ein Ziel und da müssen alle Schüler hin, sondern ich muss aus jedem Schüler das Möglichste rausholen und andererseits aber auch jedem Schüler einen individuellen Weg bieten, ein Lernziel erreichen zu können."

<u>Förderliche Bedingungen für inklusiven Unterricht</u>

„[…] in jeder Klasse habe ich alles. Also es gibt keine Regelklasse, keine normale Regelklasse. Es gibt nur die heterogenen Kinder. Ich habe in jeder Klasse das Mittelfeld. Das ist generell von der Natur so gegeben, da haben wir gar keinen Einfluss drauf, zumindest wenn sie zu uns kommen, natürlich kann man dann gewisse Wege sicherlich beeinflussen."

„Das Schöne daran ist, dass man eben nicht alleine als Grundschullehrer in der Klasse steht, sondern da ist die Förderschullehrerin auch dabei, da ist die pädagogische Mitarbeiterin der Förderschullehrerin dabei und im Einzelfall auch eine Einzelfallhelferin, sodass man sich als Team fühlen kann. Und das ist der große Unterschied zum Klassenverband und das Eigentliche, was man jedem mit auf den Weg geben muss. Es geht nicht in der Eins-zu-Eins-Begleitung. Es muss ein Team sein, das daran arbeitet."

„In- und auswendig. Und der große Vorteil ist, dass die Kollegin nicht alleine ist und das Kind kennt. Wir sind immer drei, vier oder fünf Leute, die das Kind kennen und man kann sich auch im Alltag ungemein stützen, stärken und beraten. Dann werden wir immer gefragt: ‚Wann macht ihr das denn? Das ist doch Zusatzfutter.' Ja, natürlich ist das Zusatzfutter, aber es entlastet ja im Alltag und diese zusätzliche Zeit, die man verwendet, ist sinnvoll angewendet. […] Aber diese Dinge, die wir im Alltag leisten und dann über Besprechungen klar verabreden, das ist das wesentliche Element und das ist super."

„Also ich finde es nach wie vor schwer zu erkennen, wo genau das Problem bei den Kindern [mit Förderbedarf] liegt, weil wir dafür nicht ausgebildet worden sind. Im Moment habe ich eine Förderlehrkraft, (…) die ist mit mir die Klassenlehrerin und das ist ganz gut, weil sie die Diagnosen stellt und wir dann wirklich schauen können, warum hapert es jetzt oder, was ist genau das Problem?"

„Wenn wir zum Beispiel während der Mathestunde verschiedene Themen nebeneinander hatten und einige Kinder sich ihr [gemeint ist die Förderschullehrkraft] zugeordnet haben und andere was alleine, also selbstständig gemacht haben und ich dann mit ein paar anderen etwas vertiefen konnte. Es war jetzt nicht immer so, dass sie für Kinder mit Schwierigkeiten da war, sondern das ging immer fließend (…)."

„Und wir haben auch nicht jetzt gleich mit dem Standard angefangen, den wir heute hier haben […]. Wir haben auch ganz klein angefangen. Man muss sich auch Zeit nehmen dafür. Man muss aber auch wissen, dass die anderen einen unterstützen und nicht denken, man läuft wie Don Quijote gegen Windmühlen […]."

2 Statements Schüler

Aus: *Inklusion in der frühen Kindheit. Internationale Perspektiven*, Heimlich & Behr, 2009, S. 54.

„Niemand ist ein Versager, jeder hat ein Talent, aber wir müssen zusammen arbeiten, um zu erkennen, worin es besteht."

„Die langsamen Kinder sollten mit den schnelleren Kindern zusammen sein, weil sie besser mit ihnen kommunizieren als mit den Lehrern."

„Wir benötigen die Zusammenarbeit, sogar für den kleinsten Fortschritt."

3 Statements Sportlehrkräfte

Aus: *Inklusion im Sport. Schul- und Vereinssport im Fokus*, Heubach, S. 142-143.

„Meine Erfahrung ist, dass Regelschulkinder eine begrenzte Geduld und Bereitschaft haben, die behinderten Kinder, die nicht in ihrem Level Sport machen können, zu integrieren. Die Regelschulkinder verlieren den Spaß am Sport, wenn sie da nicht powern können, sondern stets niederlevelig sich betätigen. Bei aller Differenzierung ... im Sportunterricht ist die Inklusion für die Regelschulkinder eine massive Belastung."

„Da die UN-Konvention nicht aussagt, dass Inklusion kommen muss, wäre es wichtig, dies darzulegen. Die UN-Konvention besagt nur, dass ein Zugang zum ALLGEMEINEN Bildungssystem gewährleistet sein soll. Und Deutschland hat ein allgemeines Bildungssystem, anders als z.B. Italien, das Schwerstmehrfachbehinderten den Weg in die Schule nicht gewährleistet."

„[…]"

„Inklusion ist für mich keine Zukunftsmusik, wenn eine Lobby dafür geschaffen wird, auch mit den Konsequenzen einer angemessenen personellen und sächlichen Ausstattung. Die derzeitige bildungspolitische Auseinandersetzung ist in Deutschland halbherzig und die überwiegende Umsetzung (bspw. in Berlin) unpraktikabel."

„Integration von behinderten Kindern ist wichtig und grundsätzlich sinnvoll. Sie muss aber DRINGEND mit der entsprechenden Qualifizierung der Lehrkräfte und mit einer Erhöhung der Personaldecke einhergehen. Es hat einen Grund, dass die Klassen in Sonderschulen deutlich kleiner sind und wenn wir behinderte SuS integrieren benötigen wir min. 2 Erwachsene im Klassenzimmer!"

„Theoretisch ist die Integration von SuS mit Behinderung in den Regelunterricht eine gute Sache. Allerdings denke ich, dass dies nicht für alle SuS möglich ist (abhängig von Art und Schwere der Behinderung) und außerdem ein gesellschaftliches Umdenken erfordert, welches noch sehr viel Zeit braucht. Die momentan laufenden Entwicklungen zur "Inklusion" (das was geschieht, entspricht nicht der eigentlichen Wortbedeutung!) sind dabei nicht immer ausreichend und machen die Situation für SuS mit Behinderung eventuell sogar schlimmer!"

„Inklusion kann nur funktionieren, wenn Sonderpädagogen und Lehrer täglich im Team vor der Klasse stehen – auch im Sportunterricht!"

„Bin selbst eine sogenannte "Behinderte" – soll's auch geben, wäre in den Fragen bzgl. "Kennen von Menschen mit …" sinnvoll gewesen. Sog. "Behinderte" sind nicht alle "schon immer" behindert gewesen – und manche haben sogar ein Lehramt ;-)."

„Leider soll einfach inklusiv unterrichtet werden, ohne jedoch die Bedingungen dafür zu schaffen. In meiner Klasse befinden sich zwei LE-Kinder, die sind im Sportunterricht überhaupt nicht auffällig/schwierig, da sie im normalen schulischen Kontext gut integriert sind. Bei meinem köperbehinderten Mädchen sieht das schon ganz anders aus. Trotz Schulbegleitung ist sie immer wieder auf zusätzliche und massive Hilfe angewiesen, die die Klasse und auch ich immer weniger leisten können, da das Mädchen inzwischen 120kg wiegt und die räumlichen Voraussetzungen einfach nicht stimmen."